Que ces simples
mots vous apportent
un peu de rêve...

Amicalement

Montréal, 2012

Minus Circus

Laurent Theillet

Minus Circus

roman allégorique

LES ÉDITIONS DE LA BAGNOLE
Collection **GAZOLINE**

Publié sous la direction de Normand de Bellefeuille

Conception graphique et mise en pages : Folio infographie
Révision : Michel Therrien
Illustration (couverture) : Polygone Studio
Illustrations (intérieur) : Pierre Rousson
Photo : Laurent Theillet (autoportrait)

ISBN 978-2-923342-40-5
Dépôt légal 1er trimestre 2010
Bibliothèque et Archives nationales du Québec

Les Éditions de la Bagnole
Case postale 88090
Longueuil (Québec) J4H 4C8
leseditionsdelabagnole.com

Les Éditions de la Bagnole reconnaissent l'aide financière du gouvernement du Canada par l'entremise du Programme d'aide au
développement de l'industrie de l'édition (PADIÉ) pour leurs acti-
vités d'édition. Les Éditions de la Bagnole remercient de leur sou-
tien financier le Conseil des Arts du Canada et la Société de
développement des entreprises culturelles du Québec (SODEC).
Les Éditions de la Bagnole bénéficient du Programme de crédit
d'impôt pour l'édition de livres du gouvernement du Québec, géré
par la SODEC.

Préambule

Il y a dans ce récit bien des choses extraordinaires, et souvent incroyables. C'est indéniable. Pourquoi pas, après tout?

Des hasards étonnants, incidents terribles
ou merveilleux, emplissent la vie des hommes
depuis la nuit des temps. Même si bien souvent nous passons à côté sans les remarquer.
La vie elle-même, n'est-elle pas tout à fait
étonnante? La mort n'est-elle pas une merveilleuse et terrible inconnue? Et la naissance,
alors? Celle d'un petit homme, celle d'un
arbre au creux de sa graine. Une feuille qui
bruisse dans le vent, le chemin luisant de la
Voie lactée là-haut, la brillance rapide d'une
luciole, tout cela aussi est incroyable! Bien
plus incroyable que l'histoire que je vais à mon
tour vous conter.

« Ceci est une histoire vraie. » Voici la toute
première chose que m'avait dite cet homme,
ce « géant » de plus de sept pieds, vivant seul
et tranquille dans sa cabane au creux d'une

forêt, entouré de ses chiens, de magnifiques chiens mâtinés de loup sauvage.

Oh, bien sûr, j'ai parfois ajouté des détails colorés, des broutilles, des vétilles ! Des décors et de beaux dessins. De l'humour aussi… souvent décalé, et parfois même assez bancal, il faut bien le dire.

Le petit cirque dont je vais vous parler était un des derniers de sa race. De ceux que l'on appelait, dans mon enfance, les cirques de village. Remplacés à présent par de grands cirques lumineux et pailletés, sous d'immenses et grandiloquents chapiteaux.

Voilà. Pour terminer, je demande humblement et sincèrement au grand homme, mon ami de route et de récit, de me pardonner pour les événements que je me suis permis d'enjoliver, de transformer. Pour l'essentiel, l'aventure de Monpa et Théo, de Chien-Jaune et sa descendance, j'ai tenté d'y rester fidèle, au plus près du récit tel qu'il m'a été raconté. Et je vous fais confiance, s'il vous faut choisir entre réalité et imaginaire, vous saurez vous y prendre. Mais n'oubliez pas : la réalité est bien souvent plus étonnante, plus incroyable que tout ce que l'on peut imaginer…

Il était une fois un petit homme. Il portait barbe blanche, et son visage doux était couvert de rides profondes, sinueuses comme des rivières. Ses yeux étaient d'un bleu vif, tout à fait comme la mer en été.

Ce vieil homme était le directeur d'un cirque. Mais, pour tout dire, il en était aussi l'unique clown, l'unique dompteur et l'unique trapéziste. À vrai dire, lui seul s'occupait de tout sous son chapiteau minuscule. Lui seul ? Pas tout à fait. Un chien, un chien jaune – enfin d'un beige tirant sur le jaune pour être réaliste – l'aidait dans toutes ses tâches. Un jeune labrador, élancé, grand et solide sur pattes. Ce chien-là imitait parfaitement le lion ou le tigre par exemple, dans les numéros de domptage. Il pouvait également porter un nez rouge et jouer les clowns, ou bien grimper sur une échelle très haute, droit vers le ciel...

Bref, vous l'avez deviné, c'était un chien tout à fait extraordinaire.

Le petit homme avait un grand projet. Un numéro magique. Mais alors quelque chose de vraiment spécial, pas un de ces numéros de pacotille avec des pièces de monnaie qui disparaissent bêtement ! Non, quelque chose de fabuleux, de magnifique, de mirifique, de féerique ! Enfin, bref ! Il voulait faire disparaître un chapeau. Oui, faire *réellement* disparaître un chapeau !

« Mais pourquoi donc un chapeau ? » pourriez-vous demander, et je vous comprendrais ! Pourquoi un chapeau et non pas un lapin, ou un bouquet de fleurs, ou bien même son chien par exemple ? Eh bien, il faut dire que pour le petit homme ce couvre-chef signifiait beaucoup, énormément même. C'était le chapeau de son grand-père, un aïeul qui avait été un peu cow-boy, il y a très longtemps, en Amérique là-bas. Dans un grand désert plein de serpents à sonnette et d'Indiens à fléchettes.

Et ce chapeau-là avait une histoire incroyable évidemment, une histoire bien à lui. Vous la raconter ? Là ? Tout de suite ?... Pourquoi pas ! Ce ne serait pas sorcier, ou plutôt si : ce serait *complètement* sorcier ! Bref, la voilà votre petite histoire (celle de notre chapeau), dans la grande (celle de notre cirque).

C'était il y a très longtemps, lors d'une bataille mémorable qui opposait le général Hendrix et son armée, au chef Indien Big Fish et à ses valeureux guerriers.

Les hommes, en grand nombre, se faisaient face, armés jusqu'aux dents. Un vent terrible soulevait des nuages de sable, faisant rouler au loin tous les buissons d'épines. La tribu de Big Fish n'attaquerait pas en premier. Le général Hendrix semblait hésitant. Tout était figé, dans l'attente. Et personne ne paraissait vouloir prendre une décision. Drôle de bataille, me direz-vous ! Et je tombe d'accord avec vous. Mais c'est la pure vérité, alors continuons !

Donc, le général Hendrix hésitait encore. Oui, encore. En fait, il n'avait jamais eu vraiment l'âme d'un guerrier. Au fond de lui, il y avait un homme qui détestait la guerre. Et en cet instant précis, il était troublé. Il regardait son ennemi Big Fish lui faisant face sur son cheval, à quelques galops seulement, et d'étranges pensées s'éveillaient en lui. Il se voyait jouer aux dames avec Big Fish, ou partager avec lui un beau gigot de bison au coin du feu, puis fumer une bonne pipe et vivre toutes sortes de choses qui n'ont pas droit d'être au cœur d'une bataille. Une bataille qui se voudrait par exemple : acharnée, sanglante, terrible, historique, sauvage, etc., etc., etc. Bien sûr ! Absurde ! Aberrant ! Big Fish n'avait jamais été et ne serait jamais un ami ! Le général Hendrix fit un formidable effort pour oublier ces fadaises[1]. Il se concentra seulement, exclusivement et uniquement sur : « acharnée, sanglante, terrible, historique, sauvage, etc., etc., etc. », serra les dents et se décida enfin à attaquer. Mais alors qu'il s'apprêtait, la main levée, à donner le signal ultime, une violente rafale de vent lui vola son chapeau et l'emporta haut dans les airs. Tous les soldats et tous les braves levèrent leurs yeux vers le ciel. Le chapeau tournoya un moment au-dessus du général et de ses cavaliers, virevolta sur lui-même un instant, parcourut soudain les quelques arpents qui séparaient les armées ennemies, hésita un peu au-dessus des braves, et atterrit pile-poil sur la tête de Big Fish ! Le chapeau était devenu couvre-chef ! Mais ce n'était pas tout !... Ah, je vous avais avertis ! Vous l'avez voulue, cette histoire dans l'histoire ! Eh bien, la voilà. Comme promis ! Incroyable et même plus ! Et c'est là que les choses deviennent intéressantes, prennent de l'ampleur. D'accord, j'accélère ! J'en viens au

---

1. Niaiseries.

but! Laissez-moi terminer au lieu de grogner! Patience!

Donc, imaginez les deux armées ennemies face à face, figées dans l'attente, le chapeau du général Hendrix vissé de travers sur le crâne de Big Fish et lui tombant juste au-dessus des yeux. Vous voyez le tableau? Alors la suite! Le général, toujours la main levée, prêt à lancer son attaque sans pitié, sentit peu à peu, mais irrémédiablement, un sourire se dessiner sur ses lèvres. Il chercha à le réprimer de toutes ses forces bien sûr, mais... Au même moment, Big Fish, toujours l'air sévère, croisa le regard étonné de son farouche sorcier: deux gros yeux ronds écarquillés, encadrés de terribles peintures de guerre! Puis il sentit le chapeau, un peu trop grand pour lui, glisser sur son front et venir lui masquer les deux yeux. « Poc! » fit le bord du chapeau contre son nez busqué. Alors, ce fut plus fort que lui, il ne put se retenir, il éclata de rire, puis le grand sorcier explosa de rire également, puis un autre brave et un autre encore... Et tout autant de l'autre côté: le général Hendrix s'écroula littéralement sur son cheval étonné, son premier lieutenant s'effondra en pouffant, le chirurgien des armées se gondolait les larmes aux yeux, les canonniers se tenaient à leurs canons, les artilleurs étaient pliés en deux, les fantassins en quatre... Bref, toute la vallée résonnait de rires contagieux que le vent emportait aux quatre coins du monde! Si tant est que le monde ait des coins.

Ainsi ce chapeau, en évitant cette bataille, venait de sauver mille vies. Le général en fit cadeau à Big Fish. Puis, il quitta l'armée et devint chercheur d'or dans le Yukon. Quant au chapeau, laissez-moi terminer mon histoire, ce ne sera plus très long! Enfin je l'espère, car ce chapeau avait encore une vie à sauver.

Et c'est à ce moment-là que l'aïeul, le grand-père de notre petit homme, fait son apparition. Alors j'y vais? D'accord! Mais plus vite alors! Donc... le grand-père de notre directeur de cirque, piqué, serpent, mourant, chapeau, rivière, Indien, sauvé, magique, cadeau, et voilà! J'ai été trop rapide? Je vous embrouille? C'est d'accord, j'ai compris. Trouver une bonne moyenne, ni trop vite, ni trop lent! Je disais donc: notre aïeul à cette époque était un peu cow-boy, un peu braconnier, un peu boot-legger[2], un peu tout et n'importe quoi en somme. Mais ce jour-là, aucune vache à ranger, pas grand-chose à distiller, ni gibier à piéger, ni rien. Ah si! Pardonnez-moi! Une chose: un

---

2. Contrebandier d'alcool pendant la prohibition aux États-Unis.

serpent. Un serpent à sonnette, même. Et notre aïeul : piqué ! Oui, piqué – ou mordu si vous préférez – sautant sur un pied, se tenant le genou en criant et jurant dans toutes les langues pendant que le stupide serpent s'éloignait en sonnant. Je veux dire en sifflant.

La GROSSE bêtise. Lui, le grand trappeur, lui qui avait traversé vallées, déserts, canyons, lui qui avait croisé bisons fous, scorpions dingos, serpents marteaux et grizzlys furibonds, eh bien cet homme-là venait de marcher sur la queue d'un serpent ! Et sa jambe enflait, enflait ! Un vrai jambon italien.

La fièvre arriva, soudaine. Notre homme était moribond, étendu sur le sol brûlant, il divaguait. Il réussit à ramper jusqu'à la petite rivière qui coulait plus loin, avala un peu d'eau et s'évanouit aussitôt, à l'agonie. C'en était fait. Au revoir et adieu !

Au même instant, dans la même vallée, notre grand chef Big Fish cherchait du gibier sous le soleil lourd. Il descendit de son cheval et se pencha sur la rivière pour s'abreuver, quand son chapeau (notre chapeau !), toujours un peu trop grand, tomba sur l'eau et fila dans le courant. Big Fish le suivit, bondissant le long de la berge. Par trois fois le chapeau se coinça contre des pierres immergées et par trois fois, au moment même où Big Fish tendait sa main pour l'attraper, il s'échappa à nouveau, poursuivant sa course folle. Mais qu'avait-il donc ce maudit chapeau ? se demandait Big Fish. « Entêté ! Capricieux ! Ce chapeau n'en fait qu'à sa tête, on dirait ! » Mais bientôt le chapeau s'arrêta, s'échouant tout simplement contre la berge. Et quand Big Fish se pencha pour le ramasser, il se retrouva face à un jambon italien... Je veux dire : il se retrouva devant notre homme, notre aïeul agonisant et grelottant de fièvre.

— D'accord ! J'ai compris, c'est encore toi qui as le dernier mot, chuchota Big Fish en levant les yeux au ciel.

Il posa le chapeau bien droit sur sa tête, chargea l'homme sur son cheval et le ramena au village. Toute la nuit, le sorcier le soigna, l'abreuvant de potions, appliquant moult feuilles, bouillies verdâtres et autres magmas impensables sur sa blessure. Et au matin, notre aïeul était sauvé. « De justesse ! » avait dit Big Fish. La tribu donna un grand cheval à « Visage-Pâle-Qui-Marche-Sur-Les-Serpents » et ils se firent des adieux et des remerciements à n'en plus finir. Alors Big Fish lui offrit le chapeau.

— Prends ! Il te revient à présent. C'est lui qui t'a trouvé. Il t'a choisi, comme il m'avait choisi avant toi.

Notre homme remercia Big Fish, déposa le chapeau bien calé sur sa tête et partit au galop sur « Trop-Grand-Pour-Lui », son nouveau, splendide et immense cheval.

Le chapeau avait maintenant sauvé mille vies. Pardon ! Mille ET une vies. Il mena dès lors une existence morne, une vie simple, une vie de chapeau en quelque sorte. Jusqu'à ce que notre aïeul l'offre à son petit-fils pour ses huit ans, petit-fils qui grandit, grandit, et grandit encore pour devenir notre petit homme, notre directeur de cirque, avec son chien jaune et son minuscule chapiteau hissé et monté sur un parking désert de banlieue dans une ville quelconque du vingtième siècle. Et là (ouf !), nous retrouvons le fil de notre histoire. Faites un effort ! Rappelez-vous !... Un cirque misérable, un petit vieil homme solitaire, un chien jaune un peu acrobate, et ce chapeau incroyable en héritage... Et notre histoire...

Le petit chapiteau brillait dans la nuit. Les loupiotes[3], là-haut, se confondaient avec les étoiles dans le ciel. Le chapeau posé sur ses genoux, notre directeur de cirque (alias « notre petit homme ») regardait tristement

---

3. Petites lampes, lumières.

la Voie lactée, lointaine, presque hautaine. Son cirque allait mal, très mal, frôlant maintenant la faillite. Oui, notre homme regardait les étoiles et parlait doucement tout seul. Son chien à ses pieds le fixait tranquillement, ses yeux jaunes entrouverts, le museau bien rangé entre ses pattes jaunes. Notre vieil homme avait pourtant tout essayé, cherché à conquérir un plus grand public, tenté de créer de nouveaux numéros, magnifiques, mirifiques voire féeriques, mais rien n'y avait fait. Rien. Et ce maudit chapeau qui, il faut le répéter, n'en faisait qu'à sa tête ! Et ce n'était pas faute d'avoir essayé. Notre petit homme avait d'abord tenté de le faire voler. Oui, voler, se déplacer dans les airs si vous préférez ! Mais les passes magiques, les incantations, enchantements, envoûtements à la noix et autres camelotes n'avaient servi à rien ! Pas plus que les supplications, conjurations et implorations diverses. Pour de bon, il avait TOUT essayé. Un jour par exemple, il plaçait une grosse grenouille vivante, un batracien bien costaud sous le chapeau, vous voyez le genre ! Puis il allumait l'éclairage de scène là-haut, et attendait patiemment. Mais rien ne se passait. Rien du tout. La grenouille finissait immanquablement par s'endormir et le chapeau restait désespérément figé. Aucune magie ni aucun trucage ne le déciderait... Un autre jour, il branchait un énorme et colossal ventilateur, bien caché sur le côté de la scène, et hop!... Alors là! Alors là, tout finissait par s'envoler! Les oreilles de Chien-Jaune flappaient au vent, le petit tabouret (le jaune avec des étoiles rouges) tombait sur le sol avec fracas, les trapèzes, là-haut, se balançaient en tous sens, la toile du chapiteau s'agitait comme un océan en colère... Bref, tout s'envolait, tourbillonnait, remuait, tempêtait. Tout, sauf notre chapeau bien sûr, qui restait là, pétrifié, boudant au cœur même d'un prodigieux cyclone.

Ensuite, un beau soir, notre petit homme au désespoir voulut le faire disparaître. Et pourquoi pas, après tout? Ce chapeau avait de grands pouvoirs, lui avait dit son grand-père le jour de ses huit ans: «Un jour, il te surprendra, tu verras... un beau jour.» Mais là non plus, rien n'y fit. Le chapeau résistait à tout. Même aux trucages les plus simplistes: les petites trappes sous le tabouret ne s'ouvraient plus, les mécanismes se grippaient, les ficelles cassaient net, les lumières ne s'éteignaient pas au bon moment. Enfin, vous l'avez compris, notre chapeau ne voulait ni voler, ni disparaître, ni quoi que ce soit. Il faisait de la résistance. Quand n'importe quoi d'autre se serait envolé ou aurait disparu, lui restait là, figé, absolument décidé à passer une existence de chapeau, morne, simple et entêtée.

« Et si mon grand-père m'avait raconté des histoires, des contes à dormir debout : jambon italien, serpents à sonnette à sornettes et Indiens à fléchettes !... Eh bien, soit ! » Il prit le chapeau sur ses genoux et le posa sur la tête jaune de Chien-Jaune. « Voilà ta place dorénavant ! Il ne sera pas dit que tu ne participeras pas au spectacle ! » Chien-Jaune leva la tête vers les étoiles. Langue sortie, bouche ouverte, il semblait sourire joyeusement.

Ce soir-là, trois spectateurs seulement attendaient, patiemment assis sous le chapiteau. L'un d'entre eux, un vieil homme portant écharpe de laine et goutte au nez, s'était endormi. Et dire que le spectacle n'avait même pas commencé ! « Trois clients, ce n'est pas si mal par un temps si froid ! » chuchota le petit homme en tapotant le flanc jaune de Chien-Jaune.

« Et maintenant Mesdames et Messieurs ! Je suis fier de vous présenter le magnifique, le fabuleux, l'incroyable Chien-Jaune!» trompetta notre homme.

« And now Ladies and Gentlemen ! I'm proud to present you the magnificent, the fabulous, the incredible Chien-Jaune!» trompetta encore notre homme, mais en english approximatif cette fois-ci. Juste au cas où...

Le spectateur endormi sursauta (mais peut-être était-il anglais?), puis bâilla, bouche grande ouverte comme un varan de Komodo ou pire, un iguane des Galápagos (choisissez, c'est égal au fond). Alors Chien-Jaune fit son entrée sur la scène, accueilli par notre petit homme vêtu d'un petit costume à petites paillettes argentées. Une grande échelle de bois fixée au beau milieu de la scène montait vers le centre du chapiteau, tout en haut, très très haut là-haut. Bref, vraiment haut, vous l'aurez compris. Chien-Jaune, coiffé de notre chapeau bien tenu par un élastique sous son cou, un élastique jaune vif même – oui, il vous faut savoir que le jaune allait très bien à Chien-Jaune, évidemment. Mais tiens! Au fait! D'ailleurs! Avez-vous remarqué que notre chien sans nom du début, un simple chien au pelage jaune – enfin disons beige – était devenu quelqu'un? Oui, quelqu'un! Il était devenu « Chien-Jaune ». « Chien-Jaune » avec guillemets et majuscules, s'il vous plaît! Oh bien sûr, j'aurais dû vous prévenir, vous en parler plus avant, mais bon, avec l'histoire du chapeau, de cette bataille, de ce serpent et de ses sonnettes et autres fariboles, je n'ai pas pu! Je me suis dit que ça irait bien comme ça! De toute façon, cela me paraît évident, non? Un chien jaune... donc « Chien-Jaune ». Qu'est-ce que vous espériez? Que je le nomme « Chien-Bleu » par exemple? Et pourquoi pas « Poisson-Rouge » tant que vous y êtes! Et voilà! Je vous perds encore! Je me perds encore! Mais aussi! C'est de votre faute après tout! Non, non, ne refermez pas ce livre! S'il vous plaît! Laissez-moi terminer mon histoire. Et cessez de poser des questions!

Donc... Chien-Jaune occupait le cercle de lumière jaune au centre de la piste. Dans un roulement formidable de tambour roulé par notre petit homme en personne, il posa sa patte droite sur le premier des barreaux et leva son museau. Une bonne dizaine de mètres jusqu'en haut! Quarante-quatre barreaux exactement, se terminant par une minuscule plate-forme circulaire, disons grande comme un plat à tarte pour six personnes environ. Vous imaginez ça? Un plat à tarte à plus de dix mètres du sol! Ce n'est pas rien! Je pourrais même dire que ce n'est pas de la tarte! Mais non, je ne le dirai pas, faudrait pas pousser tout de même. Surtout du haut d'une échelle. Donc, venons-en au fait. Chien-Jaune se concentra, sourcils froncés, moustache rabattue et commença à grimper, lentement, très lentement. Mètre après mètre. Et c'est quand il posa la patte sur le dernier des barreaux que l'élastique cassa net. Et le chapeau tomba du haut de l'échelle. Une chute vertigineuse. Dix mètres jusqu'au sol. Les trois spectateurs poussèrent trois «ooooh» angoissés en serrant les poings... ou les fesses, selon le caractère de chacun. Le roulement de tambour cessa tout net, laissant place au silence. Mais Chien-Jaune lui, ne se laissa pas démonter – un chien comme le nôtre ne se laisse pas démonter comme ça –, il fronça un peu plus les sourcils, rabattit encore ses moustaches et grimpa sur la petite plate-forme circulaire, tout en haut. Et là, sous un tonnerre d'applaudissements (ils étaient trois tout de même), Chien-Jaune se dressa sur ses pattes de derrière et fit trois petits tours sur lui-même. Magnifique! Mirifique! Et féerique, bien sûr! Il descendit avec le même aplomb les quarante-quatre barreaux de bois et salua humblement, à sa manière de Chien-Jaune: trois bons clignements de mirettes.

Il y eut ensuite le numéro de magie (mais sans chapeau) où notre petit homme fit sortir des fleurs, des colombes et d'autres bricoles de ses manches. Puis le numéro de clown où Chien-Jaune mordait (pour de faux évidemment!) les fesses de notre directeur de cirque. Bref, le spectacle se déroula parfaitement ou presque.

Alors, le silence, la solitude, retombèrent sur le chapiteau.

Notre petit homme se démaquillait devant son miroir. Il murmurait, perdu dans ses pensées, croisant de temps à autre le regard de Chien-Jaune.

—Eh bien! Tu as eu un sacré sang-froid, mon chien. Un vrai professionnel!

Chien-Jaune cligna des yeux et rentra sa langue.

—Je crois bien qu'il va falloir l'oublier ce chapeau, le laisser un peu tranquille. Qu'en penses-tu, toi?

Chien-Jaune cligna des yeux et ressortit sa langue.

Et c'est ainsi que le chapeau mit fin à sa carrière et redevint un bête chapeau, comme tous les autres chapeaux. Un chapeau pendu à un crochet au fond d'un placard.

Et là, oublié de tous, il s'endormit dans le noir.

À l'extérieur, le vent s'était levé à présent, une petite neige commençait à tomber.

—Voilà... Il va falloir changer d'endroit, plier notre chapiteau et continuer, reprendre la route. Qui sait? Peut-être la prochaine ville sera-t-elle la bonne? La ville du succès!

Le petit homme sourit tristement face à son miroir. Chien-Jaune, plus bavard que jamais, cligna deux fois des yeux cette fois-ci. Mais tout à coup il dressa les oreilles, les poils de son dos se hérissèrent.

—Tu as entendu, toi aussi? demanda notre homme, étonné.

Dehors, par-dessus le souffle du vent, un son étrange, semblable à un miaulement aigu s'élevait peu à peu. Chien-Jaune se leva d'un seul coup et bondit droit vers la nuit. Il commençait à faire froid. La neige tombait à gros flocons.

La première chose qu'aperçut notre petit homme en sortant fut Chien-Jaune, immobile, penché en avant sur une sorte de gros poulet tout emballé. Le miaulement avait cessé. Le silence nocturne était revenu, on pouvait presque entendre tomber chaque flocon. Le regard de notre petit homme fit rapidement le tour du parking. Le camion était là, ainsi que la grande roulotte. Tout était tranquille et désert. La neige tombait, légère. Oui, tout semblait parfaitement normal. Tout, sauf ce drôle de gros poulet tout emballé posé sur le sol, au beau milieu de l'aire de béton. Chien-Jaune, toujours immobile, gémit faiblement. Alors le drôle de poulet tout emballé poussa un petit rire saugrenu. Saugrenu mais tout à fait adorable, il faut bien le dire. Une main minuscule sortait d'une couverture et tenait fermement Chien-Jaune par une de ses oreilles. Alors, notre petit homme s'avança et comprit. Il sut qu'il n'y avait ni poulet, ni emballage, ni rien du tout de drôle d'ailleurs.

—Oh non, pas ça! Non, non, non! Ce n'est pas le moment, pas le moment du tout! S'il vous plaît, mon Dieu! Pas à moi, pas maintenant! Vous avez déjà fait le coup à Charlie Chaplin, Buster[4] et les autres!

Un bébé minuscule enfoui dans une couverture ouvrait de grands yeux ronds comme les billes d'un nounours. Il se mit à pleurer de plus belle, poussant des cris terribles, serrant

---

4. Le bébé trouvé est une situation commune à certains films de Charlie Chaplin et Buster Keaton (hommage de l'auteur!).

ses petits poings tout rouges. Chien-Jaune cligna des yeux et sans ambages lui donna un grand coup de langue sur le nez ; le bébé éclata d'un rire plus que soudain et, tout en gazouillant, se mit en devoir d'attraper la deuxième oreille jaune de Chien-Jaune.

— Bon ! Eh bien alors ! Si tout le monde est contre moi ! grognonna le petit homme en levant les yeux au ciel.

Et c'est ainsi que le cirque compta à partir de ce jour un troisième larron, un bébé délaissé.

Il y avait les étoiles dans le ciel, il y avait les flocons de neige dans la nuit, il y avait un chien jaune un peu acrobate, un vieil homme dubitatif sur un parking désolé, et un bébé sans nom qui s'accrochait à l'oreille d'un chien.

Notre petit Théo (notre homme l'avait nommé ainsi, du nom de son aïeul, mais oui, celui du serpent à sornettes!), donc notre petit Théo se tenait debout, accroché à l'oreille jaune de Chien-Jaune dès son huitième mois. Il ne parlait pas tout à fait bien sûr, mais possédait parfaitement le dialecte de Chien-Jaune: Théo clignait des deux yeux comme pas un.

À deux ans, il s'agrippait déjà à tout ce qui passait à sa portée et s'y balançait comme un véritable minuscule petit trapéziste de poche.

À quatre ans, il était devenu contre toute attente un véritable minuscule petit vétérinaire de poche. Un vétérinaire hors norme et hors concours, mais pas hors-la-loi pour deux sous, ni hors-d'œuvre pour autant. Bref, n'importe quelle fourmi blessée, reinette déchue ou scarabée bancal pouvait compter sur lui.

Il les prenait doucement au creux de sa main, leur parlait, les caressait du bout des doigts, et hop! on les voyait repartir tout revigorés. La fourmi fourbissait comme jamais, le scarabée filait vite fait, et la reinette grenouillait comme il se devait.

— Ah, mon drôle de petit guérisseur! s'exclamait à chaque fois notre homme, fier comme Artaban[1] (si vous connaissez Artaban).

Le cirque allait tant bien que mal, cahincaha, de ville en ville. Trois spectateurs un soir, huit le lendemain... Mais bon, Chien-Jaune avait ses croquettes au mouton, Théo ses coquillettes au jambon et notre petit homme ses omelettes aux lardons.

Théo grandissait à vue d'œil selon notre petit homme, et à vue de nez selon Chien-Jaune. La première fois qu'il serra la barre d'un trapèze, il venait d'avoir sept ans. Et ce fut une catastrophe générale.

Et pourtant... Ce n'était pas la confiance qui manquait. Théo, même s'il n'avait jamais vraiment eu le bois d'un authentique trapèze entre les mains, s'était déjà essayé à maintes occasions: une branche d'arbre ou n'importe

---

1. Personnage d'un roman ancien (*Cléopâtre*) dont la fierté est proverbiale.

quelle vieille corde l'avaient dépanné de si nombreuses fois. Mais bon, nous ne décidons pas de tout. La vie se charge parfois d'orienter nos destins. Et, ce jour-là, le sort en avait sans doute décidé autrement.

Tout d'abord, pour cette épouvantable et toute première leçon, le trapèze et son rouleau de corde refusèrent de coopérer et demeurè-rent introuvables ! Notre petit homme eut beau farfouiller, fourrager, fouiner, fouiller chaque écoinçon, encoignure, coin et recoin, le chapiteau au complet, le sable de la piste, l'ombre poussiéreuse sous les gradins : rien du tout ! Le néant ! Que dalle ! Nada ! Nothing, niente et contre-niente ! Rien, vous l'aurez compris. Même Chien-Jaune déploya tout son flair, truffe au sol et œil de lynx ! Mais rien n'y fit.

On trouva, dans l'ordre :

- Trois vieux chewing-gums corrélativement répugnants
- Deux paires de pantoufles (dont une paire en fourrure mauve)
- Un os dans un état très acceptable (selon Chien-Jaune)
- Une pièce de un cent toute rouillée
- Une étoile de shérif en matière plastique

- Un œil de verre (oui, un œil de verre)
- Une carte de visite portant le nom d'un certain « Alex Pratt, Directeur des Directives de Direction en Automobile Dirigée »
- Un éperon de plastique doré (qui devait aller avec l'étoile de shérif)
- Une minuscule vache rouge (qui, elle, n'allait avec rien d'autre du tout)

Finalement, empoussiéré et totalement découragé, notre directeur de cirque finit par s'asseoir pour réfléchir un grand coup.

—Mais où est donc passé ce satané trapèze ?

Chien-Jaune et Théo, eux, continuaient à chercher sans relâche, explorant chaque centimètre carré, chaque centimètre cube, chaque centricube au mètre, chaque cube centripète et autres fonds de poche. Mais non... rien ! Ni corde, ni trapèze. Chien-Jaune, héroïque, s'entêtait, s'usant la truffe avec ardeur, reniflant le sol comme un éléphant enrhumé, quand son museau buta contre quelque chose, une chose étrange, inconnue... une chose d'un autre monde : le postérieur de notre directeur de cirque assis en position du lotus. Et, coincés sous ses fesses, la corde bien enroulée et le trapèze de bois.

Bien enroulée, la corde ? C'était vite dit ! Une bande de serpents frileux réchauffant leurs petits dans un panier de lacets aurait semblé moins emmêlée. Bref, notre petit homme et Théo s'échinaient à démêler tout ça quand les feuilles des arbres là-bas, dehors, se mirent à bruisser fort, plus fort... « Incroyable ! » pourriez-vous me dire, moqueurs, « Les feuilles se mirent à bruisser !... Vraiment ? Quelle mésaventure ! Quelle imagination ! Tout simplement génial ! Mais jusqu'où cet écrivain nous entraînera-t-il ! » Eh bien, que voulez-vous ? La vie n'est pas faite de vampires explosifs, ni de hordes de Klingons envahissant la planète Xull ! La vie est faite de feuilles qui bruissent. Point. À la ligne !

Bref et donc ! Alors que notre directeur et Théo ouvraient grand les yeux, s'escagassaient[2] le bout des doigts, démêlant cordes et trapèze de leur mieux, le vent se leva soudain au-dehors. Et une rafale aussi brève que forte s'engouffra à l'intérieur du chapiteau, emportant avec elle son tourbillon de poussière et de sable piquant. Chien-Jaune fut le premier à éternuer et à cligner des yeux, suivi de près par notre petit homme, talonné lui-même par

---

2. S'user, s'abîmer.

notre Théo. Et ces nœuds de cordage, bien serrés, qui ne voulaient rien savoir! Et ces escarbilles[3] qui leur fermaient les billes! On finit par sortir mouchoirs et eau froide, Chien-Jaune éternua une dernière fois. Et finalement, les yeux furent lavés, les nœuds furent défaits et un ouf! fut poussé. Mais cette rafale de vent annonçait autre chose... (Non, non! Aucune horde de Klingons n'envahit rien du tout!) Un éclair illumina la piste, s'allumant à travers la toile du chapiteau. Un coup de tonnerre effroyable éclata, ébranlant le ciel en entier. Chien-Jaune se tassa. Théo et notre petit homme se regardèrent, figés sur place. Une odeur métallique, une vibration électrique, emplissaient l'air. Alors un second éclair embrasa le ciel, illuminant une fois de plus en transparence la toile du chapiteau. Un craquement formidable suivit, faisant vibrer la terre sous leurs pieds. La foudre! La foudre venait de s'abattre sur le mât principal. Notre directeur se précipita à l'extérieur. Le haut du mât était en flammes. Le drapeau qui y était dressé crépitait, et autour, la toile commençait à fondre, parsemée de petites flammèches

---

3. Petits fragments de charbon ardent, terme employé ici au figuré pour décrire des poussières irritantes.

sautillantes. Une odeur de plastique brûlé se dispersait au vent.

—Ce n'est pas vrai... murmura notre petit homme dans un souffle.

Alors la pluie se mit à tomber. Aussi soudaine qu'impromptue, drue et forte. Le drapeau, en berne, fuma encore un bref instant, puis se laissa pendre, dépité, trempé et charbonneux, comme une vieille chaussette sous le ciel gris (Ah! Poésie quand tu nous tiens!). Puis la pluie cessa tout à fait. Et le calme redescendit sur le chapiteau, comme l'aube descend sur un cauchemar. Aucun Klingon, pas de vampires, pas la trace d'un seul zombie, mais la matinée avait été rude, très rude, vous pouvez me croire.

Bien sûr, le trapèze fut installé. Et bien sûr, une autre catastrophe catastrophique s'ensuivit.

Cordes et gorges nouées, tout était prêt. Debout sur son tabouret jaune, bras tendus, Théo referma enfin ses mains sur le bois du trapèze. Chien-Jaune donna le départ, il poussa le tabouret du bout de son museau et Théo se retrouva dans le vide, ses deux pieds battant l'air à un bon mètre du sol... Alors?... Alors?... Alors ce qui devait advenir advint. Aussi simplement que deux mille six cent trente-trois plus huit mille deux cent huit font dix mille huit cent quarante-et-un! Bref! Tout simplement, vous l'aurez compris.

Peu à peu, Théo commença à se balancer, à prendre de l'élan. Il pensait au moment où sa main droite devrait lâcher le trapèze et où il devrait effectuer son demi-tour. Ouvrir la main droite. Hop! Donner un bon coup de reins, demi-tour rapide sur lui-même et serrer à nouveau le bois du trapèze. Il regardait sous ses pieds le museau de Chien-Jaune qui l'accompagnait dans ses balancements – avant, arrière, avant, arrière – quand soudain il entendit ce son étrange, ce bourdonnement contre son oreille, puis autour de lui, puis sur son visage, puis... Quelque chose de dur cogna la corde du trapèze juste au-dessus de lui. Alors là, Théo comprit – avant, arrière – un énorme scarabée, complètement paniqué – avant, arrière – se cognait, tournoyait en tous sens – avant, arrière. « Oh! Un *Scarabus goliathus* », pensa Théo avec intérêt. « Oh! Un *Scarabus catastrophis* », pensa Chien-Jaune avec intuition. Et Poc! Tic! Bing! Toc! Le *Scarabus* se cognait partout. Et plus il se cognait, plus il se cognait. Et si vous connaissez les scarabées, vous comprendrez tout à fait ce que je veux dire.

— Reste concentré… chuchota notre directeur de cirque. « Oui, reste concentré », cligna deux fois Chien-Jaune.

Mais il faut bien dire que ce scarabée faisait un sacré ramdam[4], un raffut[5] de tous les diables même ! Bourdonnant, vrombissant, ronronnant à qui mieux mieux. Théo ferma les yeux un court instant, se concentrant de toutes ses forces. Et quand il les rouvrit, le silence était revenu. Aucun bourdonnement, pas de ronronnement. Ni ramdam, ni boucan, ni raffut, ni barouf ! Le *Scarabus* avait disparu. Alors Théo, sans plus attendre, éprouvant les muscles endoloris de ses bras, se décida. Un demi-tour, un simple demi-tour… Sa main droite lâcha le bois du trapèze. Et là, eh bien… le scarabée se posa sur le museau noir de Chien-Jaune, tout au bout, comme une truffe ailée, ou une sorte de nez à pattes, si vous préférez. Théo, surpris, s'immobilisa, un bras tendu dans le vide. Chien-Jaune loucha un peu, secoua la tête très vite, envoyant valser là-haut le pauvre scarabée qui n'avait rien demandé. Vlan ! Vol plané ! Et POC ! fit le scarabée en cognant le front de Théo. C'en était

---

4. Vacarme.
5. Vacarme aussi !

trop. Théo aussitôt lâcha prise et ce fut la chute, brève et rapide.

Il entendit résonner le bruit que fit sa cheville en touchant le sol, comme une déchirure, un froissement piquant à l'intérieur.

Je vous l'avais bien dit, je vous avais prévenus : la catastrophe, encore. Une catastrophe naturelle, si je puis dire. Naturelle, et aussi simple que deux mille six cent trente-trois plus huit mille deux cent huit font dix mille huit cent quarante-et-un.

Dans la grande roulotte, Théo était allongé sur son lit. Un bandage enveloppait complètement sa cheville droite. Chien-Jaune, assis près de lui, le regardait, langue rose sortie. Notre petit directeur de cirque, les bras croisés, semblait songeur.

—Eh bien, mon Théo... On dirait que le trapèze ne veut rien savoir, dit-il en souriant. Chez nous les gens du cirque, on dit toujours que c'est le spectacle, le numéro qui choisit son homme et non pas le contraire.

Il s'arrêta et regarda Théo droit dans les yeux un moment, puis enchaîna avec douceur.

—Ne t'inquiète pas. Quelque chose te trouvera, te choisira, mon Théo. Ça, je le sais. Et ce sera ce chemin-là que tu reconnaîtras, que tu devras suivre. Celui-là et aucun autre.

Théo avait la gorge serrée et les yeux trop brillants. Il s'efforça de sourire, mais ne trouva rien à dire. Chien-Jaune se leva et approcha sa grosse tête jaune du lit, posant son museau sur la main ouverte de Théo. Il gémit doucement en battant de la queue. Notre petit directeur de cirque, le regard perdu vers le ciel, bien au-delà du cercle vitré de la lucarne, resta silencieux un long moment. Puis il tourna à nouveau son visage vers Théo.

— Tout viendra en son temps. Ne crains rien, la beauté trouve toujours son chemin. Et elle te trouvera.

« Une belle entorse ! » avait dit le médecin, « Reste tranquille trois bonnes semaines... Un peu comme des vacances ! » Voilà, il n'y avait rien à ajouter.

Théo, seul dans l'une des deux minuscules chambres de la grande roulotte, entendait la musique du spectacle diffusée sourdement. Pourquoi tout s'était-il passé ainsi ? Il tenait tant à enfin trouver sa place, à être utile... Pourquoi ? Mais pourquoi donc cette leçon de trapèze avait-elle viré au désastre ? Et quel était ce chemin dont le petit homme lui avait parlé ? Serait-il capable de le reconnaître ? Les pensées, les questions sans réponses tournoyaient, sombres et rapides, comme un cyclone dans sa tête. Il ferma les yeux, laissant le noir de sa nuit, le calme du sommeil l'envelopper peu à peu.

Ce soir-là, ce fut Chien-Jaune qui fit son numéro, mais pas un de ses numéros habituels

– ni celui avec l'échelle très haute, ni celui où il jouait les clowns mordeurs – non, un tout récent, un inédit, une grande première comme on dit. Un numéro exceptionnel que lui avait appris Monpa.

Monpa?! Mais qui est donc ce Monpa? Qu'est-ce encore que ces fariboles et autres paraboles? D'où sort-il ces ultimes nouveautés novatrices, ces épatantes patentes mais sur-sautantes surprises?... D'accord! C'est bon! Oui, oui! Arrêtez donc de crier, j'ai dit oui! Je vais vous expliquer bon sang de bonsoir! Laissez-moi le temps au moins!... Alors voilà, c'est très simple, comme d'habitude: prenez «Monsieur», prenez aussi «Papa», ajoutez une bonne dose de «Mon papa», mixez le tout vigoureusement et vous obtiendrez «Monpa». Le nom de code que Théo avait adopté pour notre petit homme depuis ses tous premiers mots.

Ce soir-là, ce fut donc Chien-Jaune qui fit son numéro. Le trapèze bien serré entre les dents, il se balança comme une bête (si je puis dire), puis fier comme Artaban (oui, je sais, vous ne connaissez pas Artaban!), il finit par se lancer majestueusement dans le vide, truffe bien haute, queue battant l'air avec grâce, un bon grand mètre plus bas. Pour, comme à son habitude, se retrouver debout sur les pattes de derrière sous un tonnerre d'applaudissements. Huit bonnes paires de mains bien claquantes. Ou seize mains, si vous préférez.

Bien plus tard, dans la soirée, bien après que la lune fut levée et les premières étoiles apparues, Monpa – notre petit homme – vint s'asseoir près du lit de Théo, et commença une histoire, de sa belle voix chaude.

Il était une fois...

Théo se cala au creux de son lit, remonta la couverture jusqu'à ce qu'elle touche son nez et ferma les yeux, laissant la voix douce de Monpa résonner profondément en lui.

Il était une fois, il y a bien longtemps à présent, un enfant qui vivait dans un pays lointain et magnifique, entouré de sa mère et de son père. Il semblait parfaitement heureux. Ils habitaient tous les trois une grande bâtisse de pierre et de torchis[1] au milieu de la savane, tout près d'une longue rivière, large, verte et sinueuse comme le corps d'une couleuvre. Sur cette rivière dormait tranquille le « Valheureux », oui, avec un « h » !... C'était un hydravion, un petit bimoteur tout blanc avec quatre places assises et un immense coffre à l'arrière.

---

1. Matériau de construction à base de terre.

Quelquefois ils volaient, tous les trois. Le Valheureux décollait en vibrant, puis s'élevait, vite, très vite, presque impatient, au-dessus de la rivière...

Monpa s'arrêta, ses yeux luisaient fort. Les souvenirs affluaient. Il pouvait les sentir, comme une caresse.

Alors là! C'était éblouissant! poursuivit-il. *Tout défilait au-dessous, et les nuages au-dessus! Les grands troupeaux: buffles, éléphants et zèbres se dispersaient, affolés. Les herbes faisaient des vagues sur la terre et on s'élevait, encore, et encore, jusqu'à frôler la neige des sommets.*

Monpa sourit. Il avait dit «on», «on s'élevait»... Il s'était trahi! Ses souvenirs avaient été les plus forts. Il reprit, mais avec plus de douceur cette fois:

Le père et la mère avaient une plantation de café et quelques troupeaux de moutons et de chèvres gardés, comme en partage, par les bergers d'une tribu qui vivait là, tout près, leur campement entourant la maison. De maigres mais solides pâturages s'étendaient au-delà, à l'infini, ponctués de grands arbres, d'énormes acacias aux épines brunes plus longues que la main. Le Valheureux, lui, était tout à la fois avion-taxi, ambulance de fortune, courrier ou transporteur de vivres. De temps à autre, il servait même à retrouver les bêtes perdues, par les nuits sans lune, dans les vents de sable qui venaient de très loin là-bas, traversant les déserts plus au nord. La chèvre tremblotante, épuisée, s'envolait alors, enfermée dans le vaste coffre du Valheureux, sur un lit de paille, pour finalement rejoindre son troupeau près du campement et des hommes. «Un repas de moins pour les lions!» disait toujours le père en riant derrière ses grosses lunettes d'aviateur.

Monpa prit une longue inspiration, regarda Théo un instant avec intensité, puis continua:

Il y avait aussi cela, cet événement redouté et en même temps attendu. Une chose exceptionnelle, excitante mais assez effrayante, il faut bien le dire... Une ou deux fois dans l'année, lors de la saison sèche, il arrivait que des fauves, des lions adultes solitaires, s'approchent bien trop près des enclos et de la ferme, et se servent sans aucune gêne. Un soir, deux chèvres disparaissaient, la nuit d'après, un mouton... Et les rugissements autour du campement laissaient les hommes en alerte, de plus en plus souvent, nuit après nuit. Alors, il fallait agir, le temps était venu. Le père sortait le grand fusil et les cartouches à seringue. Et l'aventure commençait. À la nuit tombée, la *mère et le fils s'accoudaient, impatients et anxieux, à la rambarde de la grande terrasse de bois. Le père jetait vers eux un dernier regard puis s'éloignait sous la lune, suivi par deux jeunes guerriers, grands et magnifiques avec leurs longues lances qui effleuraient le ciel noir.*

La clarté lunaire découpait toutes choses, les herbes, les arbres et même chaque caillou. Tout semblait fait de lumière bleue. Puis, les lances, les contours des guerriers et du père disparaissaient peu à peu dans l'obscurité, bien au-delà des limites de la ferme. Ainsi, l'attente commençait, il n'y avait plus que la brise nocturne et la douce vibration des grillons. La mère regardait vers la nuit, silencieuse, et l'enfant attendait le moment, la saison, l'âge où il pourrait accompagner son père. Mais cette saison ne vint pas...

Monpa s'arrêta une nouvelle fois, son regard se perdant au-dehors, traversant la lucarne de la caravane. Ses yeux se faisant tristes, imperceptiblement. Il se força à sourire et reprit :

Ensuite... Ensuite, selon leur habitude, la mère et l'enfant se serraient l'un contre l'autre, toujours accoudés à la rambarde, et restaient là, ensemble. Ils regardaient la nuit, le ciel étoilé, la lune, le vent dans les arbres, essayant tant bien que mal de tromper le temps, l'impatience et la crainte. Jusqu'à ce que le silence explose et que retentissent les rugissements puissants qui, à chaque fois, les faisaient sursauter. Des grondements terribles qui semblaient faire trembler la terre et le ciel. Puis soudain, sans transition, le silence retombait. Un silence épais, total, sans grillon, sans aucun cri d'oiseau. Un silence aussi effrayant que les derniers rugissements du fauve qui venait de tomber.

Alors, apparaissaient à nouveau les deux jeunes guerriers et leurs lances dans la clarté lunaire.

— Vous pouvez venir maintenant, disaient-ils dans leur langue douce et ronde, comme roulant sur des galets.

La mère et l'enfant semblaient s'éveiller d'un long rêve, et se mettaient doucement en marche derrière les deux hommes, s'éloignant de la maison et de sa lueur jaune rassurante, traversant, dépassant le campement jusqu'à apercevoir un petit attroupement dans la nuit toute bleue, là où les hommes se penchaient sur une ombre plus dense, immobile et longue sur le sol. L'animal profondément endormi était un lion, comme souvent. Un jeune mâle en pleine santé. « D'une seule seringue ! Et bienvenue au pays des rêves ! » disait le père en riant avant de les serrer tous les deux dans ses bras. Et tout le reste s'ensuivait. « Le gros du travail ». Avec l'aide des bergers et des hommes, ils déposaient le fauve bien endormi sur une grande et solide civière de cuir et le transportaient près de la rivière. Là, le Valheureux les attendait, amarré au ponton de bois flottant fixé à la berge. Et l'animal était hissé avec précaution dans le large coffre de l'hydravion. Alors, rasant la surface de l'eau, le Valheureux décollait, sous des dizaines d'yeux ébahis, soulevant deux grandes gerbes d'écume sur la rivière... Un homme et un lion s'élevaient au-dessus de la terre et traversaient le ciel. Sur des milles et des milles. Au plus loin de la ferme, des bergers et de leurs troupeaux. Jusqu'à la prochaine fois, jusqu'à ce qu'un autre lion, plus téméraire que les autres, ou simplement plus perdu ou affamé, oublie sa peur des hommes et s'approche à nouveau. Ainsi, on recommencerait. Mais là, le travail était fait, les saisons passeraient, on dormirait tranquille. L'hydravion percerait les nuages et la lueur de lune puis atterrirait en douceur, sur un lac ou un fleuve. Des guerriers l'atten-draient, partis la veille en prévision, solides *sur leurs pieds, corps droits, magnifiques dans les reflets nocturnes. Le lion serait débarqué du Valheureux et déposé sur l'herbe d'une savane nouvelle. Et tout serait fini. Il se réveillerait, frileux, avec l'impression qu'on a au sortir d'un mauvais rêve, il tituberait un peu sans doute, reniflerait la terre et se mettrait en marche. Avec un peu de chance, il finirait par se trouver une troupe, une nouvelle famille, sous un autre ciel... Et il oublierait le reste, tout le reste, son rêve d'avion et de guerriers, les pointes bleutées dans leurs mains et la piqûre dans son épaule...*

Monpa regarda Théo. Il vit qu'il était presque endormi à présent, paisible au creux de son petit lit. Chien-Jaune, qui ne l'avait pas attendu, grognait aimablement dans son sommeil. Monpa se leva de sa chaise, caressa la joue de Théo et sortit de la caravane. Dehors, la nuit était splendide et froide. Il resta là un long moment, paupières fermées, retrouvant tout, peu à peu : le ronronnement régulier du Valheureux, les rugissements dans la savane, le murmure de sa mère contre son oreille, le souffle du vent et les odeurs d'acacias. Non, rien ne mourait finalement. Tout était préservé. Seul le ciel changeait.

Ce matin-là, une aube claire se levait sur la terre. Théo s'était éveillé très tôt. Il s'était mis debout, s'aidant de sa petite béquille flambant neuve, et il était sorti en boitillant. Le soleil commençait à briller sur les feuilles des arbres, il faisait comme un halo doré sur la toile lisse du chapiteau.

À l'intérieur, tout était tranquille. Le regard de Théo fit le tour de la piste... ballons, tambour, échelle, trompette... et trapèze. Théo s'assit sur le tabouret (mais oui, le jaune avec les étoiles rouges). Malgré le matin nouveau, il ne parvenait pas à s'apaiser. Il était déçu et dépité. Sa première vraie leçon de trapèze s'était soldée par un échec. Tout d'abord, ce trapèze et sa corde introuvables, puis ce coup de tonnerre foudroyant, puis ce scarabée, ce... Soudain, à ses pieds, sur le sol, une vibration secoua la poussière. Le *Scarabus goliathus* ! Il était là ! Sur le dos, remuant les pattes en tous sens, vibrant des ailes inutilement.

—Ça alors! Tu es encore là, toi? dit Théo sans sourire. Toi, tu peux te vanter d'avoir créé un beau gâchis. Ça, oui…

Le gros insecte s'immobilisa. Théo, délicatement, du bout de sa béquille, le retourna sur le ventre.

—Vas-y! Envole-toi maintenant! Allez, disparais!

Mais le pauvre scarabée vibrait sur le sol, tournait en rond, se cognait de partout. S'était-il blessé la veille dans sa chute malheureuse? Théo soupira et, se penchant sur lui, le prit au creux de sa main.

—Alors, pourquoi as-tu fait ça? Qu'as-tu à me dire à présent?… Rien, je suppose. Non, rien du tout.

Le scarabée agitait doucement ses fines antennes. Théo souffla la poussière sur son dos. Deux de ses pattes semblaient tordues, et une de ses ailes était mal repliée sous son élytre.

Il posa sa main ouverte sur le scarabée immobile, comme pour une caresse. Il ferma les yeux un long moment, laissant circuler la chaleur de son corps à travers la paume de sa main, jusqu'au plus profond du dos noir et brillant de l'insecte. Il sentit les ailes fragiles battre faiblement sous ses doigts. Il resta encore comme ça un moment, concentré sur cette chaleur étrange, sur les blessures du scarabée, pattes tordues, ailes blessées... pattes tordues... ailes...

Alors il souleva lentement sa main. Le scarabée déploya ses ailes et s'envola, droit vers la clarté du matin. Théo sourit, ses pupilles reflétaient le monde en entier : toile jaune du chapiteau, tenture grande ouverte sur le ciel, nuages et arbres du dehors. Plus loin, la brise solaire commençait d'agiter les feuilles des arbres. Un nouveau jour débutait. À ce moment-là, comme un soleil tout en poils et tout en langue, la grosse tête jaune de Chien-Jaune apparut dans l'ouverture lumineuse du chapiteau. Il cligna des yeux deux fois et, placidement, se dirigea vers le trapèze installé au cœur de la piste abandonnée, un bon mètre au-dessus du sol. Là, il s'assit, puis resta un moment immobile, langue sortie, regardant Théo avec un air très doux. Théo, aux anges, se cala confortablement sur son tabouret. Chien-Jaune cligna des yeux et rentra sa langue. Le spectacle pouvait commencer. Un spectacle pour Théo. Juste pour Théo.

Chien-Jaune, d'un bond souple, saisit le trapèze entre ses dents, se balançant comme un petit fou, puis se lançant dans un magnifique vol plané, tête et queue bien droites, atterrissant sur la piste de manière parfaite, bien campé sur ses quatre pattes, museau fier, enchaînant sans plus attendre son numéro de clown mordeur, tournoyant, virevoltant sur lui-même, poursuivant sa propre queue, claquant des mâchoires façon piège à ours, puis courant et grimpant l'échelle au centre de la piste tout en haut là-haut, effectuant ses trois demi-tours-pattes-arrière sur la petite plate-forme. Vertigineux ! Redescendant dare-dare pour terminer par une parade ahurissante tout autour de la piste, sautillant comiquement sur ses pattes de derrière et, finalement, s'immobilisant comme ça, museau tendu vers le ciel comme un danseur étoile ou un patineur olympique... *Magnifico* ! Tempétueux ! *Terrrribile* ! Un maelström[1] circulaire de circonvolutions sidérantes.

Théo, ébloui, applaudit de toute son âme (en s'aidant aussi de ses mains bien sûr). Chien-Jaune cligna des yeux trois fois, courut vers lui et enfouit sa grosse tête jaune au creux de ses bras. Un câlin canin comme les gros chiens jaunes savent les faire. Tout un tas de pattes, de petites mains douces, de truffe humide et de poils jaunes.

---

1. Tourbillon.

Dans l'après-midi, Monpa prit sa décision. Partir. Aller voir ailleurs. La routine habituelle en somme. Mais cette fois-ci, le petit chapiteau fut plus long à démonter que de coutume. Avec Théo blessé, il s'agissait de se passer d'une aide qui, si petite soit-elle, s'avérait tout de même précieuse. Mais Monpa n'en était pas à son premier essai, et ce n'était que le minus chapitus du Minus Circus après tout ! Il prit son courage à deux mains. Il commençait à peine à démonter tubes et gradins de bois, quand un homme entra sous le chapiteau, en silence, sans s'annoncer le moins du monde, et se planta devant lui. À ses pieds, un jeune chien – presque un chiot – au pelage gris et aux yeux dorés, tirait sur sa laisse en gémissant. «Un louveteau… Un louveteau, pas un chiot !» pensa Monpa.

— Vous, là ! Qu'est-ce que vous faites ici ? Vous n'avez pas le droit de rester là ! Il va falloir que vous dégagiez! cracha l'homme d'un air méprisant.

Notre directeur de cirque ne répondit pas, pas tout de suite en tout cas. Il se contenta d'observer l'homme, sans rien dire. Cet homme était laid, repoussant même. Son expression était hautaine et haineuse à la fois. Deux de ses dents manquaient, les autres étaient d'une couleur jaunâtre.

— Et ne me forcez pas à employer les grands moyens! ajouta-t-il, ponctuant la fin de sa phrase d'un coup de pied vers le louveteau qui gémissait toujours.

Monpa sentit les poils sur ses bras et sur sa nuque se hérisser. «Cet homme est mauvais, *vraiment* mauvais...» pensa-t-il avec conviction. Quelque chose en lui le savait, le sentait, comme un animal flaire le danger. Les muscles de son corps se contractèrent involontairement.

— Les grands moyens? De quoi voulez-vous parler? Et d'abord, qui êtes-vous? Et que faites-vous sous mon chapiteau? demanda Monpa.

L'autre changea d'expression, passant d'une hideuse parodie de sourire à une expression grimaçante, quelque chose qui faisait penser à une hyène, une hyène effrayée et agressive.

—La fête foraine là-bas, de l'autre côté! cria-t-il en levant la main, désignant vaguement la direction de la ville au-delà du chapiteau. «Elle m'appartient! C'est moi le patron! Tout m'appartient là-bas!... Et on n'a pas besoin de concurrence, aussi minable soit-elle!»

Le louveteau poussa un jappement d'impatience. Un de trop. L'homme donna un coup sec sur la laisse en serrant les dents, sortit une courte barre de fer de l'intérieur de sa veste et en menaça le louveteau.

—Toi, si tu continues, tu vas le regretter! C'est moi qui commande, tu te souviens?

Il donna à nouveau un grand coup de pied vers le ventre du jeune loup. Celui-ci poussa une plainte aiguë, roula sur le dos et se redressa, craintif, la queue entre les jambes.

—Laissez donc cet animal tranquille! dit notre petit homme en s'avançant.

L'homme fit un pas en arrière, sa bouche se tordit. «Une hyène, un animal dangereux. Dangereux et effrayé», pensa Monpa.

—Avez-vous une autorisation pour vous installer ici? grogna l'autre.

Notre petit homme attendit un instant et répondit d'un ton qui se voulait calme, trop calme:

— Je n'ai pas à vous répondre. Vous n'avez aucun droit.

L'homme serra les poings. Ses doigts rougirent autour de la courte barre de fer dans sa main. Mais avant qu'il n'ouvre la bouche pour répliquer, Monpa le coupa, ses yeux bleu vif plantés droit dans les siens.

— Excusez-moi, mais le travail m'attend. Et je n'ai pas de temps pour cette conversation.

Il se dirigea vers l'entrée du chapiteau et entrouvrit la toile, invitant fermement l'homme au visage de hyène à sortir. Le forain resta un instant sans bouger, fit quelques pas et s'arrêta devant notre petit homme. Dans son poing serré brillait la lourde barre de métal. Ses quelques dents jaunes luisaient dans sa bouche comme celle d'un fauve malade.

— Ah oui! Alors tu penses vraiment t'en sortir de cette façon? Mais on se reverra, c'est certain! Ça ne se passera pas comme ça! Tu peux me croire! cracha-t-il dans un souffle.

Il tira brutalement sur la laisse, le louveteau sursauta et bondit violemment en avant. Puis finalement, comme à regret, il sortit. Une fois dehors, il se retourna lentement, très lentement, tel quelqu'un qui calcule son effet. Il fixa longuement Monpa de ses petits yeux mauvais.

—Je n'oublierai pas ton visage, nabot[1] ! lança-t-il, avant de s'éloigner, riant comme un dément, silhouette noire et voûtée sous le ciel gris.

Notre petit homme resta là un long moment, immobile, attendant que la menace disparaisse tout à fait, là-bas…

Chien-Jaune sortit en courant de la caravane et vint s'asseoir à ses côtés, le museau tout contre sa main. Monpa le caressa entre les yeux, le regard au loin.

—Bon chien… Bon chien jaune.

Puis enfin, il fit demi-tour, pénétra de nouveau à l'intérieur du chapiteau et reprit pensivement son travail. Tubes et gradins, la toile à plier, la routine habituelle.

« *On se reverra ! Tu peux me croire !… Nabot !* » Et, bien malheureusement, l'homme avait dit vrai. Ils se reverraient. Ça, Monpa pouvait le sentir jusqu'au fond de son âme. Une chose inévitable. Inévitable et sombre, noire et trouble comme le fond d'un puits.

---

1. Terme péjoratif, insultant pour décrire une personne de petite taille.

Terminé béquilles et bandage. Les heures, les jours étaient passés, rapides, transparents comme le vent du large. Et les saisons avaient filé. Le cirque avait repris la route, de nombreuses fois. Et s'était arrêté, tout autant de fois. La grande roulotte et le camion faisaient face à la mer à présent, installés sur une placette surplombant un petit port de pêche. L'air qui soufflait du large faisait trembler la toile du chapiteau et les quelques arbres tordus qui s'élevaient çà et là. De l'autre côté de la placette, séparée par une étroite bande de gazon chétif : la route nationale, les grands camions vibrant comme des chars d'assaut, les autobus de tourisme et leur souffle poussiéreux. Une route grise comme toutes les routes ou presque. Mais l'océan était là aussi, en contrebas, effaçant tout le reste de sa présence formidable. Théo, assis sur le marchepied de la roulotte, regardait la mer. L'écume qui venait chatouiller les rochers, les longues digues là-bas. Puis plus loin encore, la ligne d'horizon, les crêtes grises et puissantes qui secouaient tout. Théo respirait l'air froid qui venait du lointain, les embruns piquants emportés par la brise. À cet instant, il aurait voulu être le vent courant sur les vagues, ou bien un de ces oiseaux de mer virevoltant contre le ciel. Il ne savait pas s'il était triste ou bien très heureux. Y avait-il vraiment une différence ? Parfois, il lui semblait que les deux sentiments étaient comme des frères jumeaux. Joie profonde et grande tristesse. Les deux émotions se mêlaient au creux de son ventre. Le monde était si vaste, terrible, magnifique. Est-ce que sa mère était encore là ? Regardait-elle l'océan, elle aussi ? Peut-être à cet instant précis ? Joie profonde et grande tristesse. Elle lui manquait. Même s'il n'avait plus rien d'elle, aucun souvenir de son visage, de ses mains. Rien. Juste un manque. Une envie de pleurer, de la colère aussi, mais des questions surtout. Était-elle encore vivante ? Pensait-elle encore à lui, parfois ? Pourquoi l'avait-elle... laissé ? Et était-elle heureuse ou malheureuse à présent ? Des questions sans réponses. C'était tout ce qu'il lui restait.

Théo sentit quelque chose contre son dos. Le gros museau jaune de Chien-Jaune le bouscula plusieurs fois. Oui, Chien-Jaune le poussait de la truffe en soupirant fort, grognonnant des moustaches, montrant les dents, faisant le méchant, sa queue battant l'air joyeusement. Théo éclata de rire. C'était « LE » signal ! Il se leva très vite et descendit en courant le petit chemin en pente qui serpentait jusqu'au port de pêche. Chien-Jaune galopait derrière lui, aboyant comme un insensé, un insensé jaune. Bien sûr, il avait donné le signal ! Le signal d'urgence ! Chien-Jaune ne s'y trompait jamais : un bon gros coup de truffe dans le dos. Et hop ! C'était parti !... Oui, c'était comme ça que les choses se passaient. Au moment même où Théo sombrait dans la tristesse, oubliait sa joie, Chien-Jaune, immanquablement, arrivait avec sa truffe, son souffle humide et sa queue battante. Alors, la folie joyeuse pouvait commencer. C'était une habitude anti-stress, une coutume anti-détresse, un truc contre la dépresss. Bref ! Ils caracolaient, bondissaient et couraient, ils se jetaient n'importe où, dans l'herbe douce par exemple, dans l'herbe rousse (autre exemple) ou dans la mousse (dernier exemple) et ils se bagarraient en roulant, mordillage d'oreille rose et tirage d'oreille jaune à l'appui, puis ils filaient comme des sauvages jusqu'à un étang proche, un bassin ou n'importe quoi de mouillé, se jetaient dans l'eau, s'arrosaient, aboyaient, cabriolaient, chatouillaient et riaient jusqu'à épuisement comme de vrais rigolos-dingos !

Et laissez-moi vous dire que cela faisait un raffut du tonnerre. Tonnerre de Brest et même d'ailleurs ! Une tempête joyeuse et magnifique ! Ah ça, oui ! Et dans les parages, croyez-moi, les poissons fuyaient ventre à terre, les escargots filaient à toutes jambes ! Bref, c'était une bien belle pagaille ! Un remue-ménage ! Un carnage ! Un naufrage ! Un ravage ! Dans les parages et tous les marécages ! Quelque chose de terrible ! Quelque chose de (mais alors !) magnifique ! Et la tristesse s'était envolée. Pfuittt ! Comme ça ! D'un seul souffle.

Et là, cette fois-ci, justement, il y avait de l'eau, de l'eau salée même. Ce serait inévitable !

Théo et Chien-Jaune dévalaient donc le petit sentier de terre qui descendait vers un tout aussi minuscule port de pêche. Aboyant pour l'un, riant pour l'autre, bondissant pour les deux. Derrière eux, sur la placette, ils entendaient encore claquer la toile du chapiteau sous le vent. Ils arrivèrent à bout de souffle sur la bande de sable qui bordait le port. Chien-Jaune se jeta immédiatement dans l'eau peu profonde, fit trois tours sur lui-même, claquant des mâchoires comme s'il voulait mordre la mer, puis s'immobilisant, se figeant même, pour regarder un minuscule poisson passer entre ses pattes.

Là-haut sur le talus, loin au-dessus d'eux, quelqu'un les observait. Une petite fille solitaire. Et ce qu'elle voyait lui plaisait. Un sourire se dessinait sur son visage pâle, et ses yeux brillaient fort derrière le verre de ses lunettes. Elle actionna la sonnette métallique fixée au guidon de sa bicyclette. Trois bonnes fois. Mais bien sûr, ce garçon et son drôle de chien étaient trop loin pour l'entendre... Bien sûr.

Théo, assis sur une roche ronde, reprenait son souffle. Il se pencha et vit son reflet sur l'eau sombre, juste devant lui. Le reflet d'un enfant. Un enfant qui avait grandi. Le reflet se troubla. Chien-Jaune sortit enfin de l'eau et, l'air de rien, vint s'ébrouer tout contre lui. Sable, eau et débris d'algues collants!

—Eh! Là, je suis certain que tu l'as fait exprès!

Chien-Jaune sans cligner des yeux, s'assit près de lui, sage, bien trop sage...

—Tu as une algue, lui dit Théo d'un ton plein de malice.

Chien-Jaune le regarda sans comprendre, langue sortie, truffe ensablée. Et Théo éclata de rire. Une longue lanière d'algue brune s'étalait sur la tête jaune de Chien-Jaune, juste derrière ses oreilles, retombant de chaque côté comme une splendide paire de tresses. Théo la cueillit du bout des doigts, la montra à Chien-Jaune et la lança sur le sable. Chien-Jaune cligna des yeux trois fois et sans avertir, se jeta sur la malheureuse algue, prenant des poses de prédateur, ventre à terre, oreilles rabattues, secouant, déchiquetant le pauvre brin d'algue entre ses dents, grattant le sable en grognant, envoyant valser des tonnes de limon mouillé et de débris salés sur Théo.

— Ah, c'est comme ça!

Théo se leva, attrapa une magnifique poignée d'algues bien gluantes et entreprit d'en faire un bon shampoing à Chien-Jaune. Mais, bien sûr, le chien-chien ne se laissa pas faire. Pas du tout! D'une pirouette, il se retourna, saisit Théo par le bas de son pantalon, mâchoires amicales mais solides, et commença à le tirer vigoureusement vers la mer.

— Eh! Arrête ça! Couché le chien! s'exclama Théo tout en rires.

Alors là! Alors là! Théo poussa Chien-Jaune dans l'eau proche, mais Chien-Jaune toujours rivé au bas de pantalon ne voulait pas lâcher! Alors ce fut une sacrée bagarre! Une folie joyeuse! Le sable, l'eau salée, les tas d'algues, les rires fusaient de partout. Cheveux salés, oreilles sablées, tout y passa. Panique chez les poissons et autres crustacés! Et comme il se doit: mordillage d'oreille rose et tirage d'oreille jaune! Jusqu'à plus soif! Jusqu'à épuisement! Total!

Plus de sel, ni d'algues, ni de sable. Juste deux battements de cœur côte à côte, rapides comme des tambours, et deux sourires assis (si vous me passez l'expression).

Sur une roche proche, un tout petit crabe semblait les observer, du coin de l'œil.

—Attaque! Allez, attaque! cria Théo à Chien-Jaune en riant.

Leurs regards se croisèrent. Chien-Jaune cligna des yeux, lui donna un énorme coup de langue sur la joue et disparut en bondissant sur le petit chemin qui remontait vers le cirque. Théo resta un moment allongé, seul sur le sable accueillant, écoutant le bruit que faisait sa respiration au fond du silence. Puis, peu à peu, il se laissa envelopper par la respiration du ressac, le souffle léger de la mer, son propre souffle. La vie profonde et tranquille du dedans. Celle qui rassemblait tout : les océans, les étoiles, l'intérieur des hommes, leurs pensées, leurs rires et leurs larmes, la pluie et les arbres.

Alors, seulement, il put enfin se lever. Il s'étira comme un grand chat, contempla une dernière fois l'horizon avec délectation, et avança sans se presser le long du chemin. Subitement, par-dessus la brise, un sifflement aigu, plutôt un crissement, se fit entendre. Puis un choc sourd, lointain là-haut, sur la placette, la route. Son cœur se serra, son souffle se fit plus court. Inconsciemment, il accéléra le pas.

Quand il arriva sur la petite place, rien n'avait bougé, tout semblait tranquille : roulotte, camion, chapiteau... Tout ou presque. Sur la route proche, une forme immobile faisait comme une tache d'ombre, un nuage sur le sol... Chien-Jaune ! Ce nuage sur l'asphalte, c'était le corps inanimé de Chien-Jaune ! Théo, en courant, eut juste le temps d'apercevoir Monpa sortir du chapiteau.

Chien-Jaune était là, allongé sur le côté. Un peu de sang colorait le bout de son museau. Ses yeux étaient ouverts mais il ne bougeait pas. Quand Théo s'agenouilla près de lui, il souleva un peu la tête, à peine, puis la laissa retomber sur le bitume. Quelques fragments de verre blancs et rouges s'étalaient sur la chaussée noire... Une voiture... Une voiture avait heurté Chien-Jaune et le conducteur ne s'était même pas arrêté. Et maintenant, il gisait là, tel un nuage sur le sol, une ombre malheureuse. Chien-Jaune ferma les paupières comme pour s'endormir. Alors Théo sut ce qu'il devait faire.

Sa respiration se fit plus calme, bien plus ample au creux de son corps. Il avait l'impression qu'une longue vague grandissait en lui, douce et frangée d'écume blanche. Un peu plus loin, juste de l'autre côté de la route, une fillette à bicyclette s'arrêta en freinant. Elle s'immobilisa, figée dans son élan. Elle regardait du côté de Chien-Jaune avec de grands yeux inquiets.

Théo sentait son propre cœur battre, léger tout contre ses tempes. Il caressa doucement Chien-Jaune, puis posa ses mains ouvertes sur sa belle tête jaune, le long de son cou aussi, sans vraiment comprendre ce qu'il faisait. Il voulait juste sentir sa propre chaleur circuler dans son corps entier, dans le courant de son sang vivant, traverser ses épaules, ses bras, puis ses mains, pour rejoindre Chien-Jaune... Chien-Jaune, son compagnon de toujours. Il sentit ses larmes d'enfant venir, alors il ferma les yeux, très fort. Il voyait Chien-Jaune, il le voyait courir sous ses paupières. Il se remémora les rires, les batailles dans l'herbe, le sable salé, la mer et tout le reste. Une chaleur infinie semblait sortir de ses mains, une chaleur qui ressemblait un peu à celle des roches gorgées de soleil en été. Chien-Jaune gémit, imperceptiblement.

— Tu es mon ami Chien-Jaune. Et j'ai besoin de toi...

Le chien ouvrit les yeux et regarda Théo. Dans ses pupilles sombres il y avait comme des reflets, des brillances bleutées, mouvantes. Théo sourit en pensant à l'océan. Il voyait le ciel immense aussi, les vagues vivantes et les longues herbes dans le vent du soir, toutes ces choses qui vibraient, se partageaient le monde en entier. Il sentit alors la chaleur de ses mains grandir encore, puis, peu à peu, finir par s'apaiser. Quelques gouttes de pluie, transparentes, commencèrent à tomber. Chien-Jaune, toujours allongé sur le sol, leva la tête légèrement et cligna des yeux, une seule fois, mais une bien bonne fois ! Alors, Théo se pencha et le serra dans ses bras en riant.

La pluie continuait de tomber, légère sur les visages et sur les pierres. Théo sentit la main de Monpa se poser sur son épaule. Chien-Jaune, difficilement, essaya de se lever. Mais Monpa ne le laissa pas faire, non. Il le souleva de ses bras trapus bien solides, puis l'emporta vers le petit cirque, comme ça, comme un meunier porte un sac au moulin.

Il y avait Monpa, il y avait Chien-Jaune. Il y avait aussi une minuscule cycliste de poche avec de grands yeux inquiets. Et il y avait Théo. Il y avait l'océan, le ciel par-dessus et le vent qui courait sur toutes les choses vivantes. Chaque chose était à sa place. Chaque chose avait sa place.

Le lendemain, ce fut Chien-Jaune le premier levé. Oui! Chien-Jaune! Il sortit de la roulotte peu après l'aube. Un peu ridicule, oh, à peine, avec son pansement en croix sur la truffe, une idée de Monpa. Il boitilla tranquillement jusqu'au petit talus qui surplombait la mer. Là, dans l'herbe maigre, il renifla un instant un hérisson tout en boule comme s'il s'agissait d'un simple chardon printanier.

— Attention à ta truffe!

Théo était là lui aussi. Chien-Jaune leva la tête. De là-bas, loin au-dessus de l'océan, des embruns salés venaient crépiter autour d'eux. La petite place, la toile du chapiteau, étaient humides et luisantes. Dans la brume du petit matin, au loin, une drôle de silhouette s'avançait sur la route. Le hérisson se déboula (oui, parfaitement!) et détala parmi les broussailles proches, profitant de cette indifférence aussi soudaine que bienvenue.

Une sonnette métallique – deux coups brefs – retentit là-bas sur la route. Chien-Jaune flaira l'air au hasard, museau tendu, moustaches rabattues. Théo se retourna, surpris. La fillette, la minuscule cycliste de la veille... Elle passa devant eux, les scrutant d'un air interrogateur, puis inopinément fit demi-tour et s'arrêta sur la placette. Juste là, pile-poil face à eux. Il y eut un moment de silence. Chien-Jaune cligna des yeux. La fillette les observait, au travers de sa paire de lunettes aux verres épais comme des hublots de navette spatiale. Ses yeux paraissaient immenses et pleins de points d'interrogation, bien sûr de suspension aussi.

— Salut!... dit simplement Théo.

— Bonjour. Je me présente : Isadora. Mais mes amis préfèrent Isa.

— Je suis Théo, et voici Chien-Jaune, un sacré...

— Oui, je sais, un sacré imprudent! coupa sévèrement la fillette derrière ses verres de lunettes. Puis elle ajouta :

— Va-t-il mieux? Votre chien va-t-il mieux? Oh, quel joli petit cirque! Est-ce votre petit cirque? Je sais bien que oui. Je suppose que votre chien va mieux. Est-ce vous qui l'avez guéri? Êtes-vous docteur? Non bien sûr, vous n'êtes qu'un enfant. Et comme le dit souvent ma mère : chaque chose à sa place et chaque chose en son temps. Donc, vous n'êtes pas docteur. Êtes-vous clown ? Êtes-vous magicien ? Êtes-vous dompteur ? Moi, en tout cas, je crois que vous l'avez guéri ! Ça, oui !

Là, elle prit une terrible inspiration, les observa un court instant et continua de plus belle :

— Mon père dit toujours que je parle beaucoup, mais moi je ne trouve pas. Pas du tout. Et vous, qu'en pensez-vous ?

Elle afficha encore cet air un peu sévère, dévisageant tour à tour Chien-Jaune puis Théo.

— Votre chien va mieux. Sûr de sûr. Mais vous devriez le surveiller de plus près. Ma mère dit toujours qu'il ne faut jamais, absolument jamais, jouer sur la route. C'est vrai, les chiens finissent toujours par jouer sur les routes. Toujours à poursuivre un papillon, un chaton, un raton ou toute autre chose. Vrai de vrai ! Les chiens finissent « toujouuurs » par jouer sur les routes !

Elle s'arrêta un court instant, bien trop court, les yeux soudain rêveurs, le regard un peu plus doux. De chaque côté du guidon de sa bicyclette dépassait une aile de carton blanc, un guidon ailé en quelque sorte. Elle nota le regard étonné de Théo. Alors elle continua. Oui, elle continua à continuer. Et sans perdre haleine même.

— Ah, ah ! Vous avez remarqué... Les ailes... Jolies, n'est-ce-pas ? Jolies et bizarroïdes. Bizarroïdes et incroyables. Incroyables mais jolies. Mais ce ne sont pas les miennes, pas du tout. Je veux dire que ce n'est pas moi qui ai fixé ces deux ailes sur mon guidon. Pas moi du tout ! Étrange, n'est-ce-pas ? Vous ne trouvez pas ?...

Elle parut satisfaite en croisant les regards de méduses étonnées de Théo et Chien-Jaune, puis reprit :

— Oui, très étrange ! Très très ! Très très très étrange même ! C'est qu'hier après-midi, ma bicyclette a disparu, figurez-vous ! On me l'avait volée, ou quelque chose dans le genre. Eh bien, et là vous allez être épatés, eh bien ce matin elle était de retour ! Elle était revenue ! Gentiment posée contre l'arbre du jardin ! Avec ses deux toutes nouvelles ailes blanches ! Oui ! Quelqu'un avait pris mon vélo à moi, le mien, quoi ! Et ce quelqu'un me l'avait ramené avec deux ailes toutes blanches en plus ! « Incroyable ! » je me suis dit tout de suite. Et puis j'ai réfléchi, et je me suis dit aussi que ces ailes étaient peut-être magiques ou quelque chose, et que ma bicyclette pourrait même voler et tout ça... Mais bon, papa dit toujours qu'il ne faut pas être stupide, et moi je sais très bien que rien ne peut voler, à part bien sûr les oiseaux, les papillons, les mouches, les chauves-souris aussi, puis les abeilles, et les...

Là, elle croisa à nouveau les regards plus qu'interloqués de nos deux amis hypermédusés. Puis, très dignement, elle leva son visage vers le gris du ciel, et déclara d'un sérieux absolu :

— Bon. On m'attend maintenant, il faut que j'y aille. Et puis je ne voudrais pas vous ennuyer. Et la pluie commence à tomber. Et puis vous devriez rentrer, vous et votre chien jaune. Ma mère dit toujours : il faut rentrer quand il pleut ! Et là, il commence à pleuvoir. Et puis votre chien va avoir la truffe toute détrempée. En plus son pansement se décolle. Regardez !... En plus. Et puis mon père dit aussi que tant va la truffe à l'eau qu'à la fin elle se casse, ou quelque chose comme ça. Et votre chien doit se reposer. Et vous devriez faire plus attention. Et maintenant je dois rentrer.

Elle se dressa sur sa bicyclette à ailes et s'éloigna tranquillement sur la piste cyclable qui longeait la route.

Théo et Chien-Jaune se regardèrent déconcertés, éberlués même! Au loin, un son grêle se fit entendre, un bref coup de sonnette, clair et joyeux sur la route. Théo éclata de rire. Chien-Jaune cligna des yeux. Trois fois.

C'est ainsi que la fillette volubile au vélo volé volant s'éloigna. Peu à peu, prenant son temps, sous la pluie légère. Deux ailes de carton blanc planant au-dessus de la route grise, juste un peu au-dessus... Elle disparut lentement, se dissipa comme dans le brouillard d'un rêve.

Chien-Jaune gémit un petit coup, langue rose sortie, tête comiquement penchée. Théo regardait la route, vide à présent sous le ciel. La pluie fine, comme une caresse, faisait luire les feuilles des arbres, traçait une route luisante, argentée dans la campagne. Comme celle d'un escargot. Tout à fait comme celle d'un escargot.

Théo grandissait tous les jours, et toujours à vue d'œil. Un peu comme une endive (allez vous balader dans une serre, regardez pousser les endives, et on pourra en reparler). Chien-Jaune s'était parfaitement remis sur pattes. Il bondissait comme une endive lui aussi. (Si un beau jour, ô toi lecteur bien-aimé, tu désirais de tout cœur devenir écrivain – ou même Écrivain avec un grand É – voici en cadeau pour commencer ton instruction une image boursouflée, une analogie ratée : on ne bondit pas comme une endive, bien sûr. Non, pas même une grande ! Voilà. Note bien ceci pour plus tard, juste au cas où.)

Bref, tout roulait pour le mieux, ou presque. Endive ou pas.

La route, encore éclairée par le soleil couchant, perçait une ligne droite, lumineuse dans le crépuscule. À travers le pare-brise,

Théo regardait les ombres mauves se mêler dans le vent. Celles des arbres, des longues herbes aussi, des nuages. Monpa conduisait lentement. Chien-Jaune, couché aux pieds de Théo, respirait calmement, les yeux mi-clos. Le camion, impassible comme seuls le sont les camions, ronronnait sur la route, emportant son chapiteau bien plié et sa grande roulotte à deux chambres vers d'autres lieux, d'autres histoires.

La nuit grandissait, peu à peu. Les reflets des nuages glissaient sur le verre du pare-brise. Théo lança un regard à Monpa. Il conduisait, détendu, les mains tranquillement posées sur le volant. Il regarda Théo avec une grande douceur. Monpa était un vieil homme à présent. Ses beaux yeux vifs étaient cernés de longues rides, ils brillaient toujours comme la mer, bien sûr, mais ces yeux-là étaient ceux d'un vieil homme, un bien vieil homme. Il lui sourit et tourna à nouveau son visage vers la route et la nuit qui venait. Chien-Jaune, à leurs pieds, poussa un bon gros soupir de chien endormi.

— Monpa? dit doucement Théo... Sais-tu pourquoi elle a fait ça?

Ses lèvres se crispèrent... « Ma mère, pourquoi elle, pourquoi... » Mais il ne termina pas sa phrase. Il tourna juste son regard vers la campagne, les étoiles naissantes là-bas, au-dessus des grands arbres. Monpa se tut un long moment, les yeux rivés à la route, au-delà de la lumière des phares.

—Non, je ne sais pas.

La nuit était là maintenant, pleinement, emplissant le ciel en entier.

—Parfois les gens ne peuvent pas faire autrement. Ils n'ont pas d'autre choix… Ils ont de l'amour, mais ils n'ont rien d'autre, continua Monpa.

Dehors, les arbres sombres défilaient, passaient, rapides et flous comme des fantômes. Théo ne bougeait pas, ne respirait presque pas. Monpa posa sa main ouverte sur son épaule.

—Qui sait? Les choses ne sont jamais totalement finies. Peut-être… peut-être que votre histoire n'est pas terminée. Personne ne le sait. Personne ne peut le dire.

Théo sursauta. Dans le noir, la nuit du dehors, furtivement, quelque chose avait brillé entre les arbres, un scintillement… Encore un! Puis deux! Des dizaines d'éclats lumineux, de petites flammes bleues!

—Des lucioles! s'exclama Théo. Monpa! Des centaines de lucioles!

Monpa freina en douceur et rangea le camion sur le côté de la route. Chien-Jaune se réveilla en bâillant. Dehors, dans l'ombre des arbres, des centaines de lucioles clignotaient, tournoyaient en tous sens, s'allumant, s'éteignant contre le ciel nocturne. Théo sortit du camion. Il partit tout de suite en courant dans la campagne, froissant l'herbe humide sur son passage. Évidemment, Chien-Jaune bondit derrière lui.

Ils traversèrent des nuages de loupiotes vivantes. Et c'était un peu comme passer au travers de minuscules galaxies, de nuées d'étoiles filantes. Théo riait, encerclé de lueurs sautillantes. Il se mit à tourner sur lui-même, visage levé, bras tendus. Autour de lui, les lucioles se reflétaient sur chaque feuille d'arbre, sur son front aussi, sur le fond de ses pupilles. Le tournis s'empara de lui, il sentit le monde se pencher sur son socle, l'horizon tomber dans la nuit. Il se laissa choir sur le dos en riant. Là, il ferma les yeux, laissant le vertige se dissiper. Il entendait Chien-Jaune aboyer autour de lui, bondissant après chaque luciole, courant au travers en grognant de plaisir.

Théo était allongé sur la terre. Il sentait les brins d'herbe humide lui piquer gentiment le dos. Il attendit un peu, comme ça, puis ouvrit à nouveau les paupières. Un lointain plafond étoilé s'étendait au-dessus de lui. Profond, vertigineux. Les lucioles avaient disparu, aussi soudainement qu'elles étaient apparues, cédant la place aux lumières du ciel véritable, loin là-haut. Une parmi toutes les étoiles semblait plus proche, sa lumière fluctuant calmement, comme une respiration très douce.

— N'avais-tu que de l'amour et rien d'autre ? C'est ça ? Peut-être que cela m'aurait suffi, tu sais ? murmura Théo vers la nuit.

Une dernière luciole s'alluma devant son visage.

— Où es-tu ?

Il prit une profonde inspiration. Le nœud serré au creux de sa poitrine se relâcha un peu.

— Je ne t'en veux pas. Je voudrais… Je voudrais juste que tu sois là.

Un souffle pénétra en lui, lentement. Une respiration, profonde, ample. Il pleura en souriant. Oui, les deux à la fois. Puis un sourire plus fort effaça les larmes.

— Est-ce que tu crois que je peux vraiment aider les choses vivantes, les choses blessées ? Et que dois-je faire maintenant ? Réponds-moi…

Le silence était total. Les lucioles avaient disparu tout à fait. Une étoile filante, rapide, découpa le ciel noir. Il sourit, caressant l'herbe fraîche sous ses mains ouvertes.

Juste au-dessus de Théo, le bon gros museau jaune de Chien-Jaune apparut, au beau milieu de la Voie lactée. Deux clignements de paupières, un jappement joyeux sur fond de ciel.

Monpa se tenait seul, devant ce placard ouvert. Et il se sentait saisi par une émotion qui le dépassait. Dans ce petit placard sur roulettes, un simple vestiaire de bois, semblait tenir sa vie entière.

Il était là, debout, les larmes aux yeux, dans le minuscule espace fermé de rideaux qu'ils appelaient en riant « l'entrée des artistes ». Deux vieilles chaises pour se changer, et cette armoire. À l'intérieur : vêtements élimés[1], nez rouges, trompettes cabossées, bric-à-brac accumulé au fil des années. Monpa prit tendrement dans sa main la vieille corde brune qui pendait là, abandonnée. Il reconnut tout de suite la rugosité un peu chaude du chanvre sur sa paume. Il ferma les yeux. Derrière ses paupières, une partie de son passé, de son enfance, s'allumait peu à peu. Une chose

---

1. Usés.

enfouie depuis bien trop longtemps. Il sourit, d'un air empreint de nostalgie, raccrocha la corde à sa place et sortit sous le grand ciel.

Ce soir-là, comme de coutume, ils se retrouvèrent tous les trois autour d'une bonne flambée. Un petit cercle de cailloux blancs, les flammes au milieu, le ciel là-haut et le souffle autour d'eux. Chien-Jaune s'avança pour renifler le foyer, éternua selon la tradition, faisant vibrer la pointe des flammes, et vint douillettement se blottir contre Théo. Monpa nourrit le feu d'une belle bûche généreuse et resta immobile, pensif, très loin au fond de lui-même. « Ça va être le moment… » pensa Théo tout en caressant Chien-Jaune. Alors Monpa, sans plus attendre, selon une habitude bien trop rare d'après Théo, raconta son histoire. Histoire vraie ? Fiction ? Rêve ou réalité ?… Les deux à la fois. Sans doute un peu les deux.

Lorsque j'étais enfant, j'étais déjà petit, bien entendu, commença notre petit homme, *« encore » plus petit !*

Là, il lança un coup d'œil malicieux vers Théo, puis il reprit :

Une guerre se préparait peu à peu, là-bas en Europe. À cette époque, je vivais déjà avec mon oncle. Et cet oncle-là, eh bien, lui aussi avait un cirque! Un cirque un peu comme le nôtre. Oui, assez semblable à notre Minus Circus. Je ne sais trop comment, un jour, il avait réussi à se procurer ce tigre. Un bébé tigre pour être exact. Un petit animal malingre² qui gigotait faiblement dans ses bras. Il m'avait dit qu'il était né en captivité, que sa mère refusait de le nourrir et que, malgré les soins des hommes, il était très vite tombé malade. Il avait finalement pu l'acheter pour une bouchée de pain. À cette époque, tout ça n'était pas très compliqué.

Monpa avança ses mains ouvertes vers le feu, retiré en lui-même, puis, doucement, il continua :

Le jeune tigre fut bien soigné, nourri et cajolé. Si bien qu'au bout d'une longue année il mesurait presque deux mètres et pesait près de cent kilos. Du jour où il avait commencé à manger de la viande, mon oncle ne m'avait plus laissé entrer avec lui dans sa cage, même s'il ronronnait encore comme un gros chat chaque fois qu'il me voyait. C'était devenu un animal magnifique, et je passais une grande partie de mon temps assis près de sa cage, à plonger mes yeux dans les siens. Des yeux

---

2. Fragile, chétif.

ardents, presque dorés. Transparents et flamboyants à la fois... Or, un jour, mon oncle se mit en tête de le dresser. « Il est temps ! » avait-il déclaré sûr de lui. Un beau matin, très tôt – je me souviens de la lumière de l'aube –, il le sortit, un peu trop confiant, au bout d'une simple corde et, tout en le rassurant constamment, le conduisit sous le chapiteau, au centre de la piste déserte. Là, il le détacha et lui donna l'ordre de s'asseoir. Le tigre obéit, comme il avait déjà appris à le faire à l'intérieur de sa cage. Moi, simple enfant, autorisé seulement à rester assis dans les gradins, je ne perdais rien de ce qui se passait, fasciné par le courage de mon oncle, par tout ce que je voyais. Cette première séance fut merveilleuse. « Ce tigre est doué ! avait dit mon oncle. On va en faire quelque chose, c'est sûr ! »

Monpa cessa un moment de parler. Il leva le visage vers les étoiles là-haut, suivant lentement la fumée qui montait du feu de bois en longues volutes bleutées. Il sourit, sa voix douce s'éleva à nouveau.

Ce jour-là, le tigre apprit à « jouer » comme disait mon oncle. Il lui apprit à lever la patte droite, puis la gauche, glissant pour cela une tige de roseau entre le sol et les coussinets du tigre. « Une petite chatouille ! » murmurait-il à chaque fois. Et, à chaque fois, le tigre, surpris mais docile, levait sa patte bien haut devant lui. Si bien qu'à la fin, comme l'espérait mon oncle, à peine dirigeait-il le roseau en avant, que le tigre, anticipant la suite, avait déjà levé la patte. Mon oncle semblait plus heureux qu'il ne l'avait jamais été. Son visage illuminé par la joie et la beauté de cet instant. Puis, le moment vint de ramener le tigre...

À cette étape de son récit, Monpa regarda Théo. La lueur des flammes faisait vibrer ses pupilles sombres. Chien-Jaune, toujours endormi à leurs pieds, poussa un profond soupir. Alors Monpa continua :

Mon oncle noua à nouveau la corde autour du cou de l'animal. Le tigre se redressa et se campa sur ses quatre pattes. Je me souviens avoir remarqué une fois de plus sa taille, sa puissance imposante de grand et jeune tigre. Heureux et satisfait, mon oncle sortit du chapiteau pour le reconduire à sa cage.

À l'extérieur, la clarté matinale était éclatante à présent. Mon oncle ouvrit la porte de la grande cage, et c'est à ce moment-là qu'un bruit terrible, assourdissant, vint percer la transparence du ciel. Oh, cela ne dura qu'un instant, mais cela suffit. Le tigre se tassa sur lui-même. Mon oncle eut tout juste le temps de lever le regard et d'apercevoir l'avion de chasse – une flèche de métal noir – passer, rapide, étourdissant, juste au-dessus d'eux. Le tigre, effrayé, feula puissamment. Mon oncle sentit la laisse de corde se tendre violemment et lui brûler l'intérieur de la main. C'était fait. Le tigre s'était échappé. En deux bonds irréels, il traversa la petite route de campagne toute proche et disparut dans les broussailles et les ombres qui s'étendaient au loin. Moi, du haut de mes dix ans, j'étais figé, paralysé, à peine en arrière de mon oncle. Lui aussi était resté étrangement fixe, immobile. Un peu comme si nous ne pouvions croire ce qui venait de se dérouler sous nos yeux. Puis, enfin, il avait réagi. Il s'était mis à courir dans la direction où s'était évanoui notre tigre. « Viens avec moi ! » avait-il simplement crié dans sa course.

Monpa, perdu loin dans ses souvenirs, s'arrêta pour regarder une fois de plus les flammes du foyer, ondulantes comme les serpents d'un rêve. Sa grande barbe, ses traits marqués étaient ceux d'un vieil homme, mais à cet instant précis une expression de peur enfantine se dessinait sur son visage. Il remua un moment les braises avec un long bâton, puis il reprit :

Nous l'avons cherché bien sûr, nous enfonçant de plus en plus loin dans la campagne alentour, arbres et ronces emmêlés... Et puis nous sommes tombés sur cette rivière. Un cours d'eau assez large et tumultueux. Ses eaux sombres gonflées par les pluies d'automne roulaient entre les roches, s'enfonçaient, se perdaient en vasques noires et profondes.

« Tu descends, tu longes la rivière. Moi je file en amont. Si tu le trouves, surtout ne fais rien, rien du tout! Siffle fort, ou bien crie. Je viendrai tout de suite. » Et il était parti, remontant la rivière... Moi, j'étais resté là un moment, hésitant, puis j'avais suivi la berge vers l'aval, comme me l'avait dit mon oncle juste avant de disparaître à travers le bois.

Je marchais comme ça, un bon moment, l'esprit dans une grande confusion, quand par-dessus le grondement de la rivière, j'entendis ce son. Un rugissement rauque, puissant, là-bas, à peine au-delà du bouquet d'arbres qui me masquait la vue. Un frisson glacé courut le long de mon dos. Alors je sus qu'il était là... Tout près... Très près. Le plus silencieusement possible, je traversai le bosquet. Et bien sûr, le tigre était là.

Monpa s'interrompit et observa Théo avec intensité. Théo semblait troublé, presque anxieux. Cette histoire le rendait nerveux et, bien qu'assis près du feu, Chien-Jaune endormi à ses côtés, il pouvait sentir la tension dans chacun de ses muscles, presque douloureuse. Il était prêt. Prêt à parer l'attaque de ce tigre, ce tigre qui n'existait que dans le passé, dans une histoire. Monpa, ravi, le regarda encore un instant, puis poursuivit :

Oui, le tigre était bel et bien là. Au beau milieu de la rivière. Il se débattait, complètement paniqué, soufflant et brassant l'eau. Seules sa tête et ses pattes de devant dépassaient avec peine de la surface agitée. À cet endroit, après un détour, la rivière se faisait étroite et profonde. Des nœuds d'eau noire s'enroulaient autour du tigre, faisaient tournoyer les poils de sa fourrure. Il avalait de l'eau, soufflait encore, s'agitait inutilement, me lançant de temps à autre un regard terrifié. Mais pourquoi ne nageait-il pas vers la rive ? Tous les tigres savent nager. De cela, j'étais sûr. Pourquoi lui, restait-il là ? Il avait beau tendre son museau, dans ce creux profond, le flux était puissant. Par instant un remous plus fort lui couvrait le mufle jusqu'aux yeux. Ses grandes pattes griffaient l'eau vainement. Soudain, dans mon esprit, une lueur nouvelle illumina la scène. J'en sursautai presque. J'avais vu, je venais de comprendre. La corde épaisse que mon oncle avait nouée autour de son cou s'enfonçait profondément dans les tourbillons, accrochée sans doute, coincée entre les roches du fond. Et cette corde le retenait prisonnier, bien serré contre le tumulte de l'eau. Quelques minutes de plus et ce tigre se noierait sous mes yeux. Alors, portant mes doigts à ma bouche, je sifflai le plus fort possible, trois fois. Mais le tigre fatiguait rapidement, sa tête s'enfonçant sous l'eau, de plus en plus souvent. Il ne tiendrait pas longtemps. Je sentais toute sa panique me contaminer, me pénétrer. Je me souviens avoir remarqué que mes mains tremblaient. Je me souviens aussi avoir prié pour que mon oncle arrive vite. Mais il ne vint personne. Personne.

Je ne sais plus d'où m'était venue cette pensée, ni même pourquoi je m'y étais décidé, et pourtant j'allais faire cette chose-là. Malgré ma peur, ma panique, j'avais ôté mes chaussures et sans réfléchir j'avais sauté dans l'eau glacée. Le tigre affolé avait voulu s'agripper à moi, sa patte s'était tendue, simplement. Et mon épaule fut en sang. Une douleur inonda mon dos. Je n'avais plus le choix à présent. Je pris une ample inspiration et plongeai sous la surface agitée. Ombres et remous m'enveloppèrent. Je serrai la corde, tirai de toutes mes forces, mais rien ne se passa. La laisse disparaissait au *creux d'une fissure sombre. Je descendis un peu plus et tirai encore et encore, à bout de souffle, mes oreilles bourdonnant douloureusement. Et d'un seul coup, je fus entraîné en arrière. La corde avait cédé et le courant m'emportait.*

Plus loin, je m'agrippai finalement à la berge et je restai là, tremblant, regardant le sang couler, si rouge, sur mon épaule endolorie. Un peu plus haut, le tigre était sorti de la rivière lui aussi. Il s'ébroua et regarda lentement autour de lui. Alors il me vit. Son regard me transperça un long moment. Je pouvais voir sa cage thoracique se soulever à un rythme rapide. Il était épuisé lui aussi. Il ne m'attaquerait pas. Je le savais bien. Mais quand il s'approcha de moi, très près, jusqu'à ce que je sente son souffle sur mon visage, je ne pus m'empêcher de fermer les yeux. J'entendais résonner les battements de mon cœur, puissants, lourds contre mes tempes. Quand je rouvris enfin les paupières, le tigre était assis près de moi, m'observant, d'un regard à la fois doux et étonné. Puis mon oncle arriva. Et tout rentra dans l'ordre. Le ciel devint flou, des larmes de fatigue, de soulagement, commencèrent à couler le long de mes joues...

Monpa déposa quelques brindilles de bois sec dans le feu. Tout de suite, il y eut des crépitements vers la nuit, comme un remerciement.

Voilà mon histoire. Et ça ira pour ce soir, ajouta Monpa dans un murmure. Chien-Jaune bâilla, s'étira et poussa un gémissement de plaisir en regardant Théo. Le ciel noir là-haut, doux et velouté, les enveloppait tous les trois.

Les heures, les jours, les semaines s'étaient
envolés... Théo entrait dans sa douzième
année à présent. Tant de choses étaient arri-
vées. Le soleil s'était levé et couché, encore et
encore. Et les gens avaient parlé. Évidemment!
Mais attendez un peu que je vous raconte!
Catastrophe? Bénédiction? Les deux à la fois
sans doute.

Le terrain vague de la petite ville de campagne où s'était installé le cirque était des plus
accueillants, cela dit sans aucune ironie. Il y
avait bien ces deux moches bulldozers garés
dans un coin et le sol en était terreux et bos-
selé, encore en travaux, mais pour le reste,
c'était parfait. De beaux et grands tilleuls bien
feuillus, dont les racines venaient à peine
d'être recouvertes, encerclaient la future
place, et déjà quelques fleurs et même une
petite fontaine d'eau fraîche, avec bassin,

nénuphars, poissons rouges et tout le tintouin. Le feuillage murmurait dans le vent du soir. On entendait à peine la rumeur de la grande route là-bas, celle qui encerclait la ville. Et si on s'asseyait, tournant complètement le dos à l'avenue et aux immeubles proches, on aurait pu se croire au milieu de nulle part, en pleine campagne.

C'était une de ces villes en construction. Une banlieue, encore à la lisière d'un grand bois ombragé. Évidemment plus pour longtemps. Il fallait bien loger le trop-plein des villages. Alors, on faisait venir les pelleteuses à roulettes et autres bulldozers édentés. On coupait les arbres, on coulait le béton et on construisait des routes. Les immeubles poussaient comme des champignons, les écureuils s'arrachaient le chignon. Et la vie allait ainsi.

Les spectateurs étaient arrivés tôt. Ils étaient là, tranquilles mais impatients, bien installés dans leur attente. Enfin, installés, pour certains d'entre eux en tout cas... Deux petites grands-mères très sages papotaient ardemment en tirant sur leurs jupes à fleurs. Mais, plus loin, sur les premiers gradins qui bordaient la piste, un groupe d'enfants, nombreux et fort joyeux, chahutaient à qui mieux mieux, certains courant, d'autres sautant, longeant les minuscules allées à des allures supersoniques. Au milieu d'eux, une jeune femme tentait tant bien que mal (plutôt mal d'ailleurs) de faire régner un ordre relatif. Une fléchette de bois et caoutchouc rouge vif jaillit d'un pistolet et vint rebondir sur les fesses rebondies de ladite jeune femme! Elle se retourna fâchée, sourcils froncés, oreilles rabattues (vous pouvez enlever le «oreilles rabattues» si vous voulez, quoique…) Mais le malin gamin lui sourit d'un air misérable, si misérablement misérable que la jeune femme sentit fondre toute sa colère.

— Eh bien! C'est la dernière fois! dit-elle, se retenant de sourire.

«Gagné!» pensa le gamin qui, soudain, n'avait plus l'air misérable du tout. Et il fila sans plus attendre à travers les gradins à la poursuite d'un nombre quelconque de poursuivis, piaillant et riant comme des poules hilares[1]. Sauf que… Sauf qu'un cirque est circulaire justement, voyez-vous?… «Oui, et alors?» pourriez-vous me répondre. Eh bien, alors, c'est très simple : le nombre quelconque de poursuivis talonnés par notre misérable pistolero à fléchettes fut vite de retour! Bien

---

1. Avec des rires joyeux.

sûr, évidemment... Un cercle, vous voyez bien! Non? Eh bien quoi! Il vous faut un dessin? Ah là, attention! Je vous prends au mot! D'accord! Vous l'aurez voulu!

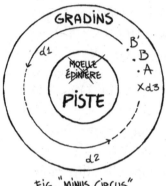

FIG. "MINUS CIRCUS"
(VUE PLONGEANTE EN COUPE)

A = JEUNE FEMME AU POSTÉRIEUR REBONDI

B = POURSUIVANT À FLÉCHETTES EN ACCÉLÉRATION PROGRESSIVE

B' = GROUPE DES POURSUIVIS EN DÉPLACEMENT CONSTANT

d1 = DÉPLACEMENT DE L'ENSEMBLE (B+B')

d2 = AVANCÉE PRÉVISIONNELLE DE CE MÊME ENSEMBLE (B+B')

d3 = HYPOTHÈSE DE POSITION FINALE DE L'ENSEMBLE (B+B') APRÈS CIRCONVOLUTION COMPLÈTE ET PASSAGE À L'HEURE D'ÉTÉ (VOUS POUVEZ RÉGLER VOS MONTRES)

... Et là, je vous vois venir avec tous vos « Et alors? » additionnels, complémentaires et supplémentaires. Je répète, une dernière fois, pour certains (j'espère que les autres auront suivi!). Nous avons donc A comme point fixe au postérieur rebondi, B et B' comme force constante en mouvement circulaire, d1 que l'on peut considérer comme... D'accord, d'accord! Dé-so-lé! J'arrête! (Ah la la! Que de lettres de protestations à venir! Heureusement, je ne suis pas dans le bottin. Et j'ai passé le mot à mon éditeur : ne JAMAIS donner mon adresse à un lecteur en colère ! Et non, non ! Aucun remboursement non plus ! Non ! Même si vous avez gardé votre ticket de caisse !)

Bref et contrebref ! Notre groupe de gamins à fléchettes fit très vite le tour complet des gradins – pour ceux qui n'auront toujours pas compris, revoir le schéma ci-dessus ! – pour venir à nouveau s'agglutiner contre notre point A, pardon, contre notre jeune monitrice-institutrice-instructrice et bientôt destructrice. Et, évidemment, dans la pagaille, une seconde flèche vint rebondir sur son postérieur (et ne me dites pas, après ça, que mon histoire manque de rebondissements). Alors là ! Aucun regard misérable ne put empêcher le courroux d'envahir notre jeune femme.

— Donne moi ça tout de suite ! hurla-t-elle cette fois, ses jolis poings tout serrés.

Le garçonnet hésita puis, contrarié, lui remit son pistolet à fléchettes.

— Je l'ai pas fait exprès, m'dame ! répondit-il sans trop y croire.

La jeune femme ramassa la fléchette, la fourra méchamment dans le pistolet et posa le tout sur le banc, près d'elle, d'un air plus qu'autoritaire.

— Confisqué !

Satisfaite, elle s'assit aussi dignement que possible et regarda autour d'elle. Alors, devant le cataclysme désordonné des bandes de bandits bambins, son visage devint tout rouge, presque aussi rouge que la fameuse fléchette de caoutchouc. Elle se mit à pousser des myriades de cris, à proférer des tonnes de menaces, à inventer des punitions sidérales, lorsque le cor de Monpa sonna le début du spectacle. En quelques minutes – panique et affolement – tout le monde fut assis, tranquille ou presque, sous les lumières vives éclairant la piste.

Et, grande nouvelle, il y avait un nouveau numéro au programme. Ou plutôt un numéro « amélioré ». Chien-Jaune devait terminer sa séance de trapèze par son habituel petit tour de piste sur pattes arrière pour – et c'est là qu'était la nouveauté – finir « tout simplement » par un saut, tête première, à travers un cerceau en feu, tenu tout aussi simplement au-dessus du sol par notre Théo en personne. Ils avaient répété pendant deux bonnes semaines. Et durant tout ce temps, Chien-Jaune s'était surpassé. Dès la toute première répétition il avait été formidable, vraiment formidable, plus que formidable. En tout cas, quand bien même et quant à présent, nonobstant et quoi qu'il en soit, bien que et malgré cela... Bref! Où en étais-je déjà? Ah, oui! À ce qui nous concerne directement : cette représentation, cette soirée-ci, cette soirée-là, où, pour la première fois, Chien-Jaune allait devoir affronter le cerceau enflammé devant un public endiablé. Eh bien, tout cela commença par-fai-te-ment! Les numéros habituels se succédèrent : notre petit homme et Chien-Jaune en clown mordeur, un numéro surprenant mis au point par Théo et Monpa où, d'une petite boîte de métal posée au centre de la piste s'échappait un merveilleux et minuscule feu d'artifice, puis enfin, Chien-Jaune se balançant à son trapèze comme un chef, un chef jaune. Alors le moment vint où Théo, sous les applaudissements, dressa bien haut le cerceau enflammé d'un air des plus solennels. Et c'est là qu'une longue et nouvelle série d'événements, tout à fait exceptionnels et tout aussi imprévisibles, advint.

Au moment précis où Chien-Jaune, terminant son tour de piste final, s'approchait du cerceau en feu, les choses s'enchaînèrent. Et tout alla très vite. Oh que oui! Très, très vite. Théo tendit le cerceau : une tresse de tissu humecté d'essence enflammée. Alors Chien-Jaune prit son élan. La jeune femme sur les gradins, tourneboulée par tout ce suspense se déplaça sur son banc, oh à peine, mais cela suffit! Le pistolet, bousculé par le trop nerveux postérieur, bascula... Le cerceau en feu, l'envolée de Chien-Jaune... et la chute du pistolet. La fléchette jaillit vers la piste comme une fusée. Et voilà! Elle frappe notre chien entre les deux yeux, en plein vol. Et il vacille. Et sa queue frôlant le bord du cerceau s'enflamme, d'un seul coup! Et là, nous y sommes en plein!

Chien-Jaune s'affole, court en tous sens, queue en flammes, flambeau déchaîné au milieu des gradins, déboussolé, butant, se cognant partout, risquant de mettre le feu à chaque instant... La toile de plastique du chapiteau... Les ballots de paille autour de la piste... Un incendie! Non, pas ça! Les grands-mères, les enfants et leur accompagnatrice crient, braillent, beuglent, glapissent et brament, s'agitant entre les strapontins, ne sachant que faire. Monpa se précipite pour tenter de les calmer. Mais comment calmer une troupe de poules effrayées! Théo court après Chien-Jaune. Et Chien-Jaune, lui, détale puis disparaît par l'entrée des artistes. Aucune issue là-dedans! Un simple réduit, un vestiaire! Quand soudain un grand bruit, un craquement terrible retentit. Chien-Jaune dans sa panique vient de heurter l'étroit placard de bois, tête première contre la porte. Crac ! Vlan ! Elle s'ouvre violemment sous le choc. Et un chapeau – oui, un chapeau – bascule d'une étagère et tombe directement sur le museau de Chien-Jaune, lui masquant complètement la vue, sa bandoulière pliant l'arrière de ses oreilles. Il secoue la tête comme un forcené mais la sangle élastique s'emmêle un peu plus, et le chapeau tient bon. Alors là ! La débandade ! Le cataclysme ! La fin du monde ! L'apocalypse ! Notre Chien-Jaune aveuglé, plein d'effroi fait volte-face, sa queue flambant toujours plus fort. Il traverse la piste dans l'autre sens, sous les yeux ébahis des spectateurs et file droit vers la sortie du chapiteau. Il s'y engouffre et disparaît dehors. Tout le monde court ! Tout le monde crie ! Tout le monde tout ! Théo et Monpa sortent en un clin d'œil. Juste à temps pour voir Chien-Jaune, queue en flammes, chapeau sur les yeux, heurter un arbre, se retourner et filer en aveugle vers la fontaine et son bassin. Et plaf ! Y tomber sous les yeux ébahis des poissons rouges estomaqués. Fin de l'histoire. Ou presque.

Eh oui ! Notre chapeau était de retour. Le fameux. Celui qui avait empêché une lointaine bataille, lointaine mais ô combien mémorable !

Celui-là même qui avait sauvé le grand-père de Monpa, celui qui avait sauvé mille et une vies, celui encore qui n'avait jamais voulu ni disparaître, ni s'envoler, ni quoi que ce soit d'autre. Eh bien, ce chapeau-là venait de s'éveiller à nouveau, pour sortir, que dis-je ? bondir hors de son placard poussiéreux et, par là même, sauver quelques vies de plus ! Grâce à lui, un incendie, de terribles brûlures, venaient d'être évités, et qui sait, quoi d'autre de terrible ? Ce chapeau, en lui voilant la vue, n'avait-il pas guidé notre chien en déroute, droit, tout droit vers cette eau salvatrice ?

Après ça, Chien-Jaune, trempé mais éteint, s'ébroua et sortit de son bassin. Un peu sonné, il faut bien le dire. Mi-ahuri, mi-groggy. Meurtri, étourdi, abasourdi, et abruti aussi. Deux bosses comme des sommets tibétains sur le haut du crâne, une queue d'écureuil moribond, poils roussis et odeur de poulet grillé à l'appui. Quelle soirée ! Théo et Monpa rassurèrent Chien-Jaune, vérifièrent chaque touffe de poils jaunes. Rien de trop grave. Les poils seuls avaient brûlé. Et pour les bosses, un peu de glace pilée ferait parfaitement l'affaire. Les sommets deviendraient vite de simples collines. Théo se pencha et ramassa le vieux chapeau, trempé lui aussi.

— Alors? Tu t'es enfin réveillé, toi?

Il le secoua vers la nuit et le posa bien droit sur sa tête.

Chien-Jaune, encore dégoulinant, cligna des yeux deux fois. Monpa lui caressa le museau, lui coiffa les moustaches. Autour d'eux, sous la voûte étoilée, les spectateurs s'étaient regroupés, immobiles, étrangement calmes. La peur s'était enfuie, et autre chose prenait sa place, peu à peu. Une chose belle et douce.

La nuit était enfin tranquille, d'un beau noir profond à présent. Et chacun était rentré chez soi. Les grands-mères, les gamins, la jeune femme et son postérieur rebondi. Tout le monde, quoi. Théo, Monpa et Chien-Jaune assis sur le marchepied de la roulotte respiraient l'air frais à grandes goulées gourmandes, l'odeur dense de l'herbe humide, profitant de cette douceur retrouvée, de ce calme enveloppant, enfin. Un petit feu de bois trouait l'obscurité et réchauffait leurs mains. La brise qui soufflait sur les arbres les caressait eux aussi. Vraiment, quelle soirée! Les poils jaunes repousseraient bien sûr, et la beauté les entourait à présent, les protégeait. Mais, tout de même, quelle soirée! Et ce n'était pas terminé! Oh non! Pas encore. Pas tout à fait! Non, ce n'était pas fini!... Là-bas, au creux des arbres, *quelque chose* s'avançait. Un bruit de pas froissait l'herbe, une ombre dense dérangeait les feuillages. Le silence aussi semblait s'épaissir tout autour.

Dans la nuit face à eux, une silhouette, un homme de grande taille, émergea dans la lumière vibrante des flammes. Il portait une sorte de toge épaisse, d'un rouge très foncé. Son ombre immense s'étirait à ses pieds comme celle d'un géant. Chien-Jaune dressa les oreilles. L'homme les regardait, immobile. Il ne disait rien. Il semblait attendre un signe. Il tenait quelque chose dans ses bras, quelque chose de grand et de noir qu'on ne pouvait distinguer. La chose bougea, à peine, deux yeux immenses lancèrent de sombres éclats. Chien-Jaune grogna. Et, insensiblement, ses poils se hérissèrent. Il avait compris. Il savait. Alors l'homme, ce géant qui venait de sortir de la nuit, parla. Sa voix, étonnamment, était d'une étrange douceur.

— Mon loup est malade. Très malade, dit-il en regardant Théo.

De son regard, il semblait vouloir le sonder. Ses yeux vifs jaugeaient, évaluaient, interrogeaient. L'animal dans ses bras frissonna. Théo, lui, restait silencieux, d'un silence absolu. Se voulant rassurant, il caressa Chien-Jaune. Les poils sur son dos étaient complètement hérissés à présent, raides et droits jusqu'au bout de la queue. Monpa, calmement, saisit la couverture pliée sous ses fesses et l'étendit sur l'herbe face à lui. Il sourit au grand homme avec un geste engageant. Le géant attendit encore, puis déposa le loup, long et sombre, sur la couverture. Théo caressa Chien-Jaune une nouvelle fois. Il sentit sous sa main une vibration profonde, celle d'un sourd grondement retenu. Le loup était grand. Tout comme son maître. Même assis, cet homme était bien plus haut que Théo, bien plus grand que Monpa. Il sortit une pipe en bois brun de sa poche et s'appliqua à l'allumer avec un tison. Sa pipe paraissait minuscule dans ses mains démesurées, les flammes dansaient sur ses longs doigts. Chien-Jaune ne bougeait pas. Il observait le loup. C'était un animal impressionnant. Il haletait, son pelage gris foncé, presque noir par endroits, se soulevait régulièrement, ses yeux entrouverts jetaient des étincelles dorées dans la pénombre.

— C'est une louve, murmura l'homme. Son nom est Volga.

Il considéra Chien-Jaune et, tout en tirant une longue bouffée de tabac, ajouta :

— Et vous n'avez rien à craindre.

Il caressa la louve, entre les oreilles, le long de son dos. Puis il chuchota son nom, deux fois : « Volga…Volga… » Elle semblait visiblement épuisée, à bout de forces, ses paupières étaient closes à présent. Le silence épais les enveloppa à nouveau. À grand-peine, la louve ouvrit les yeux et observa Théo. Un long moment. Ses pupilles dorées semblaient éclairer Théo, vouloir l'emplir de douce chaleur, d'or, de velours et de feu.

— Tu peux la caresser, murmura le géant. Elle sait qui tu es désormais.

Théo regarda Monpa, et Monpa souriait. Alors il se leva et s'approcha de la louve. Il s'agenouilla et posa sa main ouverte sur la fourrure, près du cou de l'animal. C'était chaud sous ses doigts, presque brûlant, et très doux aussi. Il pouvait sentir toute la vigueur, toute l'énergie sauvage de l'animal. Bien que moribonde, la louve avait encore une force surprenante, tapie au fond d'elle-même, comme un noyau brûlant, une flamme vacillante. Volga ne bougeait plus du tout, seule sa cage thoracique se soulevait encore. Ses yeux se teintaient d'un éclat plus sombre maintenant. Théo caressa la toison épaisse. Et il ferma les yeux. Il sentit… quelque chose de brisé, loin en dedans. Oui, quelque chose semblait brisé au cœur de l'animal. Et ce n'était pas ses os, ni ses organes. Non, il s'agissait d'autre chose, plus enfoui, plus reculé... Théo, du fond de son esprit, dans sa nuit à lui, vit un nuage de lucioles irisées l'envelopper, une image aussi rapide et soudaine que celle d'un rêve. La louve tressaillit sous ses mains. C'était son âme, son esprit, qui étaient brisés. La louve ne voulait plus vivre. Grâce au géant, la confiance était revenue, peut-être, mais l'espoir, lui, n'était plus là. Théo sentit progressivement la chaleur de la louve s'infiltrer en lui, circuler, comme un fluide rougeoyant avec peine. La lave d'un volcan, un volcan qui s'éteint. La cage thoracique de Volga s'affaissa... Un frisson parcourut une fois de plus les mains de Théo. Puis plus rien. La louve était en train de mourir.

Ainsi Théo, désespéré, fit cette chose aussi incroyable qu'inattendue. Il s'allongea près de Volga, tout contre son dos, l'enveloppa de ses bras et pleura sa mort en silence... *Que dois-je faire maintenant ?...* Au-dessus d'eux, une rafale de vent frôla la cime des arbres, les longues herbes sifflèrent un moment, dansant dans la lueur des flammes, et le silence retomba. Alors Théo sentit une vibration contre son ventre, le long de ses bras aussi. La louve inspira, profondément. Elle ouvrit les paupières. Le feu se reflétait à nouveau dans ses yeux.

Ce qui avait été brisé ne l'était plus. L'espoir était revenu.

La louve dormait à présent. D'un sommeil ample, reposant. Chien-Jaune se leva et dressa son museau, flairant de loin l'odeur plus paisible de l'animal. Monpa et Théo, assis près du feu, se taisaient, laissant la chaleur du foyer grandir en eux. Le géant fumait toujours, la fumée bleutée de sa pipe montait paresseusement, semblait vouloir se mêler à la Voie lactée là-haut.

— Cette louve… Je l'ai volée, dit-il soudain, fixant les braises écarlates.

Monpa ne dit rien. Il leva simplement son regard vers l'homme.

— Et je ne le regrette pas.

Il jeta un coup d'œil à la dérobée vers Monpa, puis après avoir levé son visage vers le ciel noir étoilé, il continua :

— Avant ça, bien avant Volga, j'étais seul. Sans argent et sans travail. Je n'avais rien. Mais j'étais grand, très grand. Ça, je ne le savais que trop.

Il tira sur sa pipe, fermant les yeux un instant.

— Un jour, ils m'ont vu, ils m'ont mis cette… toge rouge et ils m'ont donné un nom : « Géant-Rouge », là-bas, ceux de la fête foraine, loin au-delà de la ville. J'ai d'abord cru que c'était un don du ciel. J'étais nourri, j'avais une cabane avec un matelas pour dormir, un travail. Une existence en quelque sorte. J'étais le « Géant-Rouge ». Et c'était ça mon rôle. Juste ça. Je déambulais dans les allées, entre les stands des forains – les odeurs de sucre et de beignets, les trains-fantômes et tout le reste – d'un air vaguement menaçant. « Mais pas trop surtout ! » m'avait dit le directeur. Je devais « effrayer un peu » et « faire rire » aussi… Au début, ça me plaisait. En tout cas, c'est ce que je voulais croire. Je me disais que c'était un bon travail, un travail comme les autres. Que c'était une chance pour moi.

Le géant resta silencieux un moment, pensif. On pouvait percevoir l'émotion sur son visage. Un tison palpita au cœur du feu de bois.

— Il y avait aussi autre chose que je devais faire. Je devais m'occuper de Volga. La nourrir, nettoyer sa cage. Un petit réduit étroit, avec barreaux et grillage. Elle, elle restait là, prostrée, toute la journée, sous les regards des passants blasés, parfois moqueurs, voire agressifs... « Eh! Regardez-moi ce loup! C'est pas un loup, c'est un caniche! Réveille-toi, le loup! Bouge-toi!» Il arrivait que certains parmi eux cognent les barreaux avec un bâton, ou bien jettent de la nourriture, des biscuits sur son pelage. Mais la louve ne bronchait jamais. Elle portait son regard à travers eux, loin là-bas... C'est alors que le directeur eut une idée « géniale ». Plutôt que de laisser la louve « traîner dans sa cage à rien faire », il me demanda de la sortir aux heures pleines, au bout d'une solide laisse, bien serrée. « Cela ferait une bonne attraction et attirerait le client!» Mais Volga, malgré sa confiance en moi, ne voulut rien savoir. Tous ces regards effrayés ou moqueurs, ces cris d'enfants, ces invectives lui faisaient peur, la rendaient nerveuse. Elle n'y arrivait pas. Elle restait derrière moi ou bien rasait les murs d'un air inquiet, farouche. Et plus le directeur nous y forçait, plus la louve dépérissait. Au fil des jours, elle se mit à refuser toute nourriture. Le soir, de retour dans sa cage, elle se tassait dans un coin et ne bougeait plus, son regard perdu vers la nuit. Je lui parlais des heures durant, la rassurais, parfois même je m'endormais près d'elle dans sa cage. Mais rien n'y fit.

Il se tut, songeur, mélancolique. Puis, il tendit la main vers la louve comme pour la caresser, et continua, dans un murmure très doux.

—Une de ces nuits où j'étais près d'elle, elle s'était finalement apaisée et peu à peu endormie. J'avais ma main sur son cou, sa fourrure, lorsque j'avais senti un long frisson la parcourir. Ses pattes tremblaient légèrement. Je la regardai. Ses yeux clos s'ouvrirent alors un court instant...

Il s'arrêta une nouvelle fois, tirant longuement sur sa pipe. Puis il baissa le visage vers le rouge des braises.

—Elle rêvait... Au fond de sa cage, Volga rêvait. Et son rêve, sans doute, lui donnait un peu de répit. Se voyait-elle dans sa forêt natale? Au cœur d'une plaine enneigée? Hurlant sous la lune rousse avec ses frères?...

Le géant regarda Théo et Monpa. Il souriait, mais la tristesse était au fond de ses yeux, bien cachée, bien calée derrière son sourire de géant.

—Ce soir-là, j'ai compris. J'ai compris toute sa détresse, sa souffrance. Et toute la mienne aussi... Tous les deux nous étions perdus. Le «Géant-Rouge», ce n'était pas moi. Et Volga n'était plus un loup non plus... Le lendemain, je suis allé parler au patron. Je lui ai demandé de laisser Volga dans sa cage. Je lui ai dit qu'elle était malade, mais il n'a rien voulu savoir. « Elle fera son travail ! Elle doit gagner sa pitance ! » m'a-t-il répondu, intraitable. « Laisse-moi faire ! Je vais te montrer, géant ! » a-t-il ajouté avec mépris. Et il s'est dirigé vers la cage. Volga a levé les yeux vers lui, puis elle m'a regardé. Il a pris la laisse de cuir épais, le collier de métal, et a ouvert la porte. Il lui a passé violemment le collier et l'a forcée à sortir. Volga était devenue un animal inquiet et soumis au fil des années, elle ne broncha pas, elle sortit sous les insultes de l'homme. Mais une fois dehors, elle refusa d'avancer. Elle resta rivée sur ses quatre pattes. Les gens, les enfants ont commencé à affluer autour de nous, poussant des « oh » et des « ah », se bousculant grossièrement. Le grand huit derrière nous martelait les rails en sifflant avec un bruit d'enfer. Le patron, lui, continuait de tirer sur la laisse, de plus en plus fort, resserrant les maillons autour de son cou. Volga gémissait, cherchant une issue alentour. Le patron saisit le manche du balai posé contre la cage et commença à frapper la louve sur le dos. Encore et encore, en criant. Volga gronda, imperceptiblement. On entendit des réprobations parmi les badauds, leur expression passant de l'étonnement à la stupeur horrifiée. Le patron frappa encore. De dépit, il saisit Volga par la peau du cou et tira. La louve glissa d'un bon mètre sur le gravier, et soudain elle se retourna et le mordit. Un coup de dents rapide sur l'avant-bras. Quelques perles de sang tout au plus. Mais cela suffit. Le forain lâcha tout de suite la louve. Volga partit se réfugier dans un coin de sa cage. Le patron regardait son bras, incrédule. Puis il planta ses yeux dans ceux de la louve. Volga soutint son regard. Dans les yeux de l'homme, elle lut cette chose qu'elle connaissait bien. Dans les yeux de l'homme, elle lut de la peur... « Toi, je vais te tuer! » avait-t-il dit froidement, juste avant de disparaître derrière la foule des curieux.

Le géant s'arrêta de parler un long moment, regardant le feu miroiter sur ses mains immenses. Puis il reprit, dans un murmure à peine audible.

—Cette nuit-là, j'ai ouvert sa cage. Volga était immobile, ses yeux étaient clos. Je l'ai soulevée dans mes bras et je suis parti.

Il y eut un long silence, à peine brisé par le pétillement du feu qui couvait à présent. Monpa ajouta quelques fragments de bois sec et considéra le géant. L'homme observait sa louve avec tendresse. Volga dormait, profondément. Le géant posa son regard sur Théo.

—Peut-être voulez-vous savoir comment et pourquoi je suis venu à vous ?

Théo le regarda plus vivement. Chien-Jaune à ses pieds était lui aussi, tout comme la louve, plongé dans un sommeil réparateur.

—Les choses finissent toujours par se savoir. Les gens parlent… Et les belles choses circulent, volant inévitablement de bouche à oreille… Surtout si le destin met sur votre route une fillette à lunettes et bicyclette plus que loquace.

Il sourit fort à Théo, se pencha sur Volga pour la caresser à nouveau. La louve poussa un léger mais long soupir.

—Et maintenant, qu'allez-vous faire ? demanda Monpa. Vous ne pourrez pas aller bien loin comme ça.

Le géant ne répondit pas, perdu dans ses pensées. Il se contenta de cogner doucement sa pipe contre le sol pour la vider de son tabac éteint. Monpa sembla réfléchir un instant. Puis finalement ajouta :

—Pourquoi ne resteriez-vous pas avec nous ? Un moment, juste un bout de chemin. On vous ferait une place, on pourrait…

—Je ne pense pas que ce soit une bonne chose, coupa laconiquement le géant.

Le feu commençait à s'éteindre à présent. Les braises rougeoyaient encore, mais par intermittence. Soudain, le géant se leva, si grand sous le ciel. Il se pencha vers la louve, la souleva dans ses bras et, sans un mot, s'éloigna dans la nuit.

Cette nuit-là, Théo eut un sommeil agité. Et il ne fut pas le seul. Chien-Jaune également, à ce qu'il semblait. Allongé au pied du lit, les poils de son dos se dressaient légèrement, parfois sa queue battait dans le vide, ou bien même il gémissait.

Ils rêvaient tous les deux...

Chien-Jaune *court après la louve. Une forêt brumeuse les enveloppe. Au-dessus d'eux la lune luit, diffuse, comme un phare sur la mer. La louve le distance peu à peu, mais il ne cède pas. Il tient bon. Son cœur bat à tout rompre. Une grande clairière circulaire s'ouvre devant eux. Brusquement, la louve s'arrête et lui fait face. Elle lève alors son museau vers la lune et pousse un long, très long hurlement. Son chant résonne, vibre à travers le corps de Chien-Jaune. Il la fixe intensément, puis porte lentement son regard vers le cercle laiteux. Il hurle lui aussi,*

longtemps. Alors leurs chants nocturnes s'unis-
sent en un seul et même écho, une résonance
joyeuse et sauvage, un souffle de vie...

Théo, *tout au fond de son sommeil... Il*
sent... Un souffle à la fois doux et brûlant...
Alors il ouvre les paupières. La louve lui fait
face, campée sur ses pattes juste au-dessus de
lui, sa gueule entrouverte devant son visage.
Son regard doré qui le scrute, pénètre en lui
comme un feu très doux. Théo ne ressent pas
la moindre peur. Il ouvre les lèvres pour parler
à Volga. Mais aucun son n'en sort. Il n'y a que
le silence avec eux. Il n'y a que le silence entre
eux. De la gueule de la louve jaillit un souffle
lumineux, un souffle... d'étoiles?... Les
lucioles!... Elles crépitent un instant autour de
son visage et disparaissent peu à peu. Théo
sourit. La louve n'est plus avec lui. Dans la
nuit au-dessus, dans les filaments des nuages,
un visage se dessine, prend forme, lentement...
Une femme, une jeune femme. Elle le regarde
avec douceur. Ses lèvres s'agitent. Elle veut lui
parler. Que veut-elle lui dire? Il ne peut
entendre aucun son, aucun mot. Alors il tend
la main vers elle... Et il s'éveille...

Il se dresse sur son lit. Il n'y a que le silence.
Le silence tranquille de la caravane. Il jette un

coup d'œil vers Chien-Jaune. Le chien ne dort plus. Leurs regards se croisent. Chien-Jaune pousse un petit jappement en bâillant. Théo sourit... longtemps.

Le jour était là, bleuté et encore froid, mais bien là, laissant grandir patiemment toute sa lumière. Quelle soirée ça avait été ! Mémorable, inoubliable, remarquable, i-né-ffa-çable ! D'abord cet incident-incendie-insidieux évité de justesse, puis cet homme, ce géant et sa louve, et ce retour de chapeau.

Théo était troublé. Tout cela était un peu trop... Un peu trop quoi d'ailleurs ? Il se demandait si ce chapeau finalement ne possédait pas quelques pouvoirs. Monpa lui avait raconté son histoire, de long en large, de nombreuses fois même... Indiens à fléchettes, serpents à sornettes, batracien costaud et ventilo. Mais Théo n'y avait pas cru très longtemps. La magie n'existait pas, pas vraiment, pas de cette manière-là en tout cas. Les récits de Monpa lui avaient plu bien sûr, de cela il était certain, mais il les avait pris pour ce qu'ils semblaient être : des histoires, de beaux contes à sourire, à rire surtout, et à rêver. Et pourtant, ce chapeau?... Un hasard sans doute. Un merveilleux hasard, mais un hasard quand même. Un drame avait peut-être été évité. Et c'était la seule chose qui comptait finalement. Théo jeta un coup d'œil en direction du chapeau, tranquille et figé sur son portemanteau. Un simple chapeau... Ce n'était qu'un simple chapeau. Évidemment. Il ouvrit la porte de la roulotte et sortit dans le matin clair.

Bien sûr, il n'y avait plus ni géant ni louve. Il n'y avait que le ciel pâle au-dessus des arbres. Ils étaient partis, et ils devaient être loin à présent. Loin du malheur et des hommes. Le plus loin possible, pensa Théo en frémissant.

Chien-Jaune, d'un seul bond fut dans ses jambes, flairant l'endroit où avait dormi la louve la veille. Il regarda Théo d'un air interrogateur, et grogna légèrement, ou plutôt il fit semblant de grogner, d'un grognement à peine différent du ronronnement d'un chat, un chat énorme et très jaune. Théo, gentiment, lui froissa les oreilles. Il s'assit devant le feu éteint, prit un bâton et fourragea parmi les cendres grises. Une braisé, un tout petit morceau de rouge vif, scintillait encore faiblement, cachée au cœur de la cendre. La louve allait-elle mieux ? Et était-ce lui, Théo, un simple garçon d'à peine douze ans, qui l'avait aidée ? Non, il n'arrivait pas à le croire. C'était comme pour le coup du chapeau, un hasard, des circonstances. Du vent ! La louve était sans doute accablée à cet instant, peut-être même était-elle mourante ? Que pouvait-il y faire ? Rien sans doute.

Chien-Jaune farfouillait la terre froide près du foyer éteint. Il se mit en devoir de renifler le tabac à pipe brûlé sur le sol, celui qu'avait répandu le géant. Il éternua bruyamment et resta hébété un instant, la bouche entrouverte. Théo éclata de rire. Puis il dit, imitant la voix fluette de la fillette volubile au vélo volé volant :

— Vous devriez faire attention. Le tabac n'est pas très bon pour la santé, monsieur Jaune ! Et mon père dit toujours qu'il ne...

Et là, Chien-Jaune attaqua. Enfin « attaquer » n'est peut-être pas le terme qu'il conviendrait d'employer. Mais bon, allons-y ! Avec une incommensurable férocité, il se jeta sur Théo, langue dehors, oreilles au vent, œil de fauve... Bref, ce fut une fois de plus, une de leurs habituelles scènes de folie furieuse. Le rituel « Je te pousse du museau, tu me froisses les oreilles », mordillage sans ambages et sans trêve. Et trêve de bavardage. Et que je niaise et que je chougne et que je rougne. Je rime, tu ris, ils rient. Passons sur les détails. Tout allait pour le mieux dans le meilleur des mondes jusqu'à… jusqu'à ce qu'ils croisent le regard de cette girafe. Oui, parfaitement, une girafe! G-i-r-a-f-e! Vous savez bien, le long truc jaune avec des taches brunes et de grands yeux de séductrice… Bon! Si vous savez alors, pourquoi vous me faites répéter!… Revenons à nos moutons et autres girafes. Donc, cette girafe (*de l'ital. giraffa. Famille des girafidés*) les regardait, ses yeux de cantatrice (il faut bien changer) les toisant de haut, son cou interminable débouchant entre deux immeubles, juste en deçà du jardin public. Quand elle aperçut Chien-Jaune, elle s'arrêta et le considéra de ses yeux de grande actrice (voir parenthèse précédente). Elle l'observa un moment, étonnée, comme celle qui croiserait une vieille connaissance, un ami de famille perdu de vue. Puis elle détourna le regard d'un air suffisant, et mâchouilla quelques feuilles sur le sommet des arbres qui bordaient l'avenue. Théo, bouche bée, regarda Chien-Jaune. Chien-Jaune, gueule ouverte, regarda Théo. Et c'est à ce moment-là que le zèbre apparut… Mais si, vous savez bien, le truc blanc (ou noir) avec des rayures noires (ou blanches). Donc le zèbre apparut, et une musique des plus tonitruantes retentit. Monpa sortit précipitamment de la roulotte, l'œil hagard, resta figé un bref instant et s'exclama :

— Oh non ! C'est pas vrai ! Ce n'est pas possible ! C'est un cirque ! Une parade ! Quelle salade !

Une voix là-bas retentit, nasillarde dans son haut-parleur : « Veeenez nombreux ! Veeenez voir nos beaux animaux ! Veeenez voir nos beaux numéros ! Ménagerie dans l'après-midi et spectacle en soirée ! »

Théo sourit à Chien-Jaune et ils partirent au galop vers cette parade trompettante. Il y avait là une girafe bien sûr, tenue au bout d'une laisse démesurée par un homme des plus costauds. Il y avait aussi notre zèbre, deux clowns qui faisaient les guignols (et non pas le contraire), un type très maigre avec un turban et une flûte, un chien minuscule portant chapeau à pompon et, un peu en avant, un camion rouge rutilant, exhibant un énorme haut-parleur sur son toit : un cornet de glace géant (mais en plus bruyant). Tout ce beau monde avançait lentement, telle une procession des plus fantastiques. Théo et Chien-Jaune, tous deux vissés au sol, les yeux écarquillés comme des quarts de quille (oui, je sais, mais je n'ai pas pu m'en empêcher !) regardèrent passer la parade. Jusqu'à ce qu'elle finisse par disparaître, plus loin, à l'angle d'une rue.

— Fabuleux ! s'exclama Théo, ravi.

Chien-Jaune cligna des yeux un sacré nombre de fois. Monpa soupira d'un air débonnaire.

— Il va falloir changer de ville, reprendre la route. Il soupira encore un grand coup... C'est pas de chance ! Mais pas la peine d'en faire tout un plat.

Bien sûr, évidemment, se dit Théo. Un autre cirque, bien plus grand, bien plus beau. Incomparablement plus grand et plus beau, dans la même ville ! Ce n'était plus la peine d'espérer faire recette ce soir. Avec leur « Minus Circus » et leurs trois numéros dépassés, ils ne feraient pas le poids. Il n'y avait plus qu'à plier bagage. Et dire qu'ils n'avaient pu donner qu'une seule représentation, la veille. Finalement c'était déjà ça. Monpa avait raison. Pas la peine d'en faire un drame, ni d'en faire tout un plat, ne serait-ce qu'un plat à tarte.

Ils passèrent le reste de la matinée et une bonne partie de l'après-midi à démonter le petit chapiteau, ranger bâches et gradins au fond du camion. Le soir était presque tombé quand Monpa, assis au volant, tourna enfin la clé de contact.

— Allez! Nous voilà partis! L'aventure continue! Et que la route soit longue!

Soudain, Théo tressaillit. Les poils de Chien-Jaune se dressèrent. Monpa, déconcerté, coupa le moteur. Devant eux, dans le crépuscule naissant, le Géant-Rouge et sa louve étaient là, immobiles. Le soleil qui se couchait derrière eux leur donnait l'allure fantomatique d'un mirage. Le géant leur souriait calmement. Sa louve, à ses côtés, se tenait droite, d'une élégance sauvage, sa fourrure irisée par la lumière du couchant. « C'est vraiment beau! » pensa Théo. Et ça l'était. Bien sûr, ça l'était…

Et ainsi, ce soir-là, la grande famille du Minus Circus s'agrandit d'un seul coup. Et là, je voudrais faire une liste. Juste pour le plaisir (j'aime les listes, je n'y peux rien).

Alors nous avions à présent:

— 1 Monpa avec barbe et tout son attirail
— 1 Théo sans trapèze mais avec tout le reste
— 1 Chien-Jaune avec oreilles jaunes et museau jaune fournis
— 1 Géant-Rouge avec pipe, tison et tabac à éternuer

- 1 louve avec oreilles grises et museau gris
  fournis
- 1 camion
- 1 roulotte
- 1 SÉRIEUX problème de place

Le problème de place fut habilement résolu. La roulotte était déjà partagée en deux minuscules chambrettes : celle de Monpa et celle de Théo. Impossible de faire mieux. On tassa donc le chapiteau bien plié tout au fond du camion. Puis on aménagea une longue et confortable couchette en hauteur pour le géant, une tablette, un portemanteau de bois blanc et, en dessous, sur le sol, un treillis d'osier agrémenté d'une couverture bleu nuit pour Volga. Le tout bien éclairé par les deux petites lucarnes vitrées à l'arrière du camion. Ce n'était pas le grand luxe bien sûr, mais c'était acceptable, presque coquet par rapport à ce qu'avaient connu le géant et sa louve. Et pour la route, aucun problème, la cabine du camion était spacieuse. Monpa, Théo et le géant se partageraient les trois sièges, Chien-Jaune à leurs pieds, et Volga serait confortablement installée à l'arrière.

À présent, Monpa avait un adversaire « de taille » aux échecs, doublé d'un GRAND ami. Et, supplément non négligeable, le spectacle y gagnait. Pour sûr qu'il y gagnait ! Le Géant-Rouge échangea son horrible toge rouge contre un immense costume noir et une paire de gants blancs. Et avec l'aide de Monpa, il se mit à l'ouvrage. Très vite, il apprit la magie. Tours de cartes, pièces perdues, foulards et bouquets explosifs n'eurent bientôt plus aucun secret pour lui. Et croyez-moi, un magicien c'est déjà quelque chose, mais un magicien de sept pieds de haut, c'était tout autre chose ! Tout roulait bien, ou presque. Car il y avait un « hic ». Un pas bien gros, mais un hic tout de même. Disons un hic en quelque sorte. Voyez-vous, notre louve et Chien-Jaune ne s'entendaient guère, poils hérissés et grondements, billevesées et grognements. On prit simplement garde de préserver les distances. Théo eut beau sermonner Chien-Jaune, le géant eut beau rassurer Volga, rien n'y fit. On les laissa donc tranquilles. On s'arma de patience. On espéra que les choses changeraient. Et on eut raison. Oh oui, on eut ô combien raison…

Fidèle à son habitude, le petit cirque reprenait la route, puis s'arrêtait encore, s'installant dans chaque petite ville ou village accueillant. Les soirées – croquettes au mouton (double ration), omelettes aux lardons (idem) et coquillettes au jambon – étaient des plus animées à présent. Chien-Jaune et Volga, chacun leur écuelle, tentaient tant bien que mal de vivre ensemble. Vous pensez bien ! Un chien et une louve ! Même famille, mais chacun une dent contre l'autre. Théo allumait un petit feu quand le lieu le permettait. Alors Monpa et le géant, tout en buvant leur dernier verre de rhum, se défiaient aux échecs une fois de plus. Et nos deux canidés finissaient immanquablement par s'endormir, en ronflant (surtout Chien-Jaune, il faut bien le dire). Quel plaisir que ces soirées pour Théo ! Souvent, il s'allongeait dans l'herbe, parfois entre Volga et Chien-Jaune, bras tendus, sa main gauche caressant l'une, sa main droite gratouillant l'autre. Alors, il fixait fort le grand ciel noir et il rêvait, laissant venir à lui les pensées légères, douces et embrumées. Il lui arrivait aussi de poser des questions, tout bas. Des questions au ciel, des questions aux étoiles, aux arbres et au vent. Des questions sans réponses ? Oui, la plupart du temps. Mais, bien sûr, pas toujours. Quelquefois, une étoile scintillait un peu plus fort, ou bien filait en découpant le ciel, parfois un oiseau nocturne répondait de sa voix d'ombre... Et c'étaient des réponses bien sûr. Des réponses, qui pouvaient être aussi claires et frappantes que des voix humaines, et parfois même bien plus.

« Pourquoi suis-je ici, avec vous ? » demandait Théo.

« *Ouuh ! Ouuh !* » répondait l'effraie aux yeux ronds.

« Et que va-t-il se passer maintenant ? »

« *Shhh ! Shhh !* » répondait le feuillage des arbres.

Et ces réponses murmuraient toutes la même chose : « N'aie pas peur. Nous sommes avec toi... *Shhh !... Shhh !...* Sois heureux. Et tout viendra à ta rencontre... »

Le spectacle tournait bien dorénavant. Vous imaginez? Un magicien de sept pieds de haut! Une louve! C'était imparable! On ne trouvait pas ça sous le sabot d'un cheval! Même pas d'un grand! Volga était là, juste là, de sa présence magnétique de loup. On avait préféré la laisser tranquille, elle était encore si inquiète, si farouche. Il avait donc été décidé à l'unanimité de ne lui apprendre aucun numéro, de laisser son âme cicatriser peu à peu. Mais elle était là tout de même, assise près du géant tout au long de son numéro de magicien, ouvrant ses beaux et grands yeux dorés, portant son regard pénétrant sur les spectateurs fascinés. De temps à autre, le géant faisait « apparaître » un foulard, ou une rose rouge de derrière ses oreilles dressées. Puis, lorsque le moment des applaudissements arrivait, le géant la flattait, la comblait de caresses, et elle frottait son gros museau gris contre les longues mains. Ainsi, la popularité du Minus Circus se portait pour le mieux. Grâce au Géant-Rouge, il faut bien le dire, les spectateurs s'étaient fait un peu plus nombreux chaque soir. Bref, Chien-Jaune et Volga avaient leurs croquettes au mouton, Monpa et le géant leur omelette, etc., etc.

Mais ce n'était pas tout. Pas tout du tout. Pas du tout tout même. Il y avait aussi tous ces gens et leurs animaux qui venaient pour Théo. Eh oui! Les gens avaient parlé bien sûr. « Les belles choses finissent toujours par se savoir… » lui avait dit le géant. Et c'était vrai. Vrai de vrai. Comme deux et deux font quatre. Théo semblait savoir y faire avec les blessures et les animaux, chiot ramolo, chat raplapla, chien mal en point et tout le tintouin. On l'avait bien compris, nous. Le scarabée abîmé, Chien-Jaune et sa route nationale, puis Volga. Oui, « nous » on le savait bien, « nous ». Mais « nous » n'étions plus les seuls. Les gens l'avaient appris et, peu à peu, la « belle chose » s'était répandue, comme vole au vent le pollen. De bouche à oreille, de place en placette, de ville en village.

Bien sûr, ça avait commencé doucement, petit à petit. Cela avait d'abord été un spectateur, un spectateur venu discrètement avec son petit chien, puis une mémé avec chat blessé et panier d'osier. On eut même droit à une riche perruche rousse russe (répétez ça pour voir).

Voici comment les choses se passaient.

Un spectateur parmi les autres, parfois deux ou même trois selon les soirs, assistait au spectacle, son animal familier avec lui, endormi sur ses genoux, assis à ses pieds, parfois dans un couffin ou une caisse de bois ajourée. Et Théo, qui s'occupait de l'accueil et des billets, voyait souvent défiler trois, quatre paniers, avec miaulements, jappements, ffffft! et autres bruits grognons à l'appui. Alors, il savait. Le spectacle se déroulait – Chien-Jaune et Monpa en clowns, le géant et sa louve, Chien-Jaune à l'échelle, Chien-Jaune au trapèze, Monpa et... bref! – puis finissait sous les applaudissements. Alors le «travail» de Théo commençait. Il prenait chaque petit animal avec douceur, le calmait de la chaleur de ses mains et, de tout son cœur, laissait simplement circuler cette chaleur quittant son corps, rejoignant l'autre, tournoyant autour d'eux comme une douce flamme. L'animal s'étirait, ronronnait ou soupirait, voire grognonnait. Passons! L'animal en mal, femelle ou mâle, réagissait. Son maître s'étonnait, écarquillait, remerciait et partait. Satisfait. Et le Minus Circus prenait de l'ampleur, sa renommée aussi s'envolait comme le fameux pollen au non moins fameux vent. Et c'était bien et bon comme ça. Bel et bien bon. Monpa, toujours ému, jamais blasé, les yeux brillants, murmurait une fois de plus : « Ah, mon petit vétérinaire de poche… Mon petit Théo… » Mais le plus étonné d'entre tous était Théo lui-même, sans aucun doute. À chaque fois, il fallait qu'il trouve une explication. Il se disait par exemple : « Ce chat était juste fatigué, tristounet. Je l'ai caressé et ce câlin lui a rendu son entrain. » Ou bien il pouvait se dire aussi : « Ce petit chien ne va pas vraiment mieux. Il finira par retomber malade. Je ne lui ai donné qu'un peu de chaleur. Cela n'a jamais soigné personne, la chaleur. » Bref, vous l'aurez compris, Théo ne croyait pas à ses dons. Pas vraiment. Avait-il tort ? Avait-il raison ? Qui pouvait le dire ? Il savait que c'était bon pour le cirque, que ce n'était pas mauvais pour les animaux, et il voyait grandir les sourires chez les maîtres… Alors…

Le cirque reprenait la route, encore et encore. Sa popularité grandissait peu à peu. Monpa était heureux. Il vieillissait heureux. Le géant et sa louve avaient une vraie famille à présent. Et même mieux! Chien-Jaune et Volga avaient appris à se connaître, ne grognaient plus ni ne grondaient. Parfois même ils s'observaient longuement, avec une curiosité nouvelle, et surtout une certaine douceur, se souriant presque, aurait-on dit.

Alors? Alors, c'était bien comme ça. Oui, bel et bien bon.

Le cirque reprenait la route et les saisons passaient. Printemps, été, automne, hiver. Printemps, été, automne... Stop!

Autre saison et autre lieu. Tourne la planète bleue. Le jour se levait une nouvelle fois, et Théo allait sur ses quinze ans. Eh oui! Le temps était passé, aussi rapide que... le temps qui passe. Car il vous faut le savoir, le temps est fugitif, tout comme la vie d'ailleurs (et aussi les trains, et puis les chevaux, et les poissons, les bicyclettes, les avions également, et certains escargots aussi, assez rares il est vrai). Bref! Théo allait sur ses quinze ans, et Monpa ne connaissait pas son âge. Mais Monpa était un bien vieil homme à présent, et son cœur battait un peu moins fort dans sa poitrine, comme en sommeil, comme en hiver. Quelquefois Monpa, tout en riant, prenait la main de Théo et la posait, comme ça, grande ouverte sur son vieux cœur.

— Tu sens? disait-il. Un bon vieux cœur bien fidèle. Il a été là pour tant de choses. Il a battu pour tant de beauté. Il a bien droit à un peu de repos, non ? Tu ne penses pas ? Il peut bien battre un peu moins fort à présent...

Le temps aidant, Volga peu à peu reprenait confiance, s'adoucissait. Et vous savez quoi ? Le soir, au coin du feu, Chien-Jaune et la louve se faisaient plus proches, bien plus proches, s'effleurant parfois du bout des pattes, clignant des yeux l'un vers l'autre. Quelquefois même, lorsque le lieu le permettait, ils partaient en courant tous les deux, vers un bosquet, un bois tout proche, Chien-Jaune un peu en arrière, lui laissant poliment de l'avance, et ils galopaient comme ça, ensemble au creux des arbres, flairant la terre et le ciel comme des petits fous.

« Chien-Jaune ne serait-il pas finalement un peu amoureux de Volga ? » se demandait parfois Théo. « On le dirait bien, n'est-ce pas mon chien ? » et il tapotait la grosse tête jaune de Chien-Jaune, pile-poil entre ses oreilles jaunes.

Certains soirs, quand la lune brillait fort, éclairait chaque feuille d'arbre et effleurait chaque brin d'herbe, Volga soupirait. La forêt lui manquait. La forêt de ses ancêtres. Sa forêt natale. Celle où elle avait pris son premier souffle, juste avant que des hommes ne la trouvent et ne l'emmènent. Elle se rappelait la

douceur du museau de sa mère, la belle mor-
sure de la neige qui saisit les pattes en hiver,
les parties de chasse avec ses jeunes frères.
Dans ces moments-là, elle semblait recher-
cher un peu plus la présence de Chien-Jaune,
avoir besoin de son contact, pelage contre
pelage. Et comme ça, le feu luisant dans leurs
prunelles, ils finissaient par s'endormir, côte
à côte. Le géant les regardait avec plaisir, puis
chuchotait une fois de plus : « Un de ces jours,
ma belle, il faudra que je te ramène, que tu
retrouves ta forêt. Ça te plairait hein, ma
belle ? » Il la caressait et Volga ouvrait ses
beaux yeux dorés sur lui.

Mais la beauté aussi avait ses manques, ses
faiblesses. Il fallait l'accepter. Il y avait le
magnifique, et il y avait le terrible. Et une fois
de plus, ils n'allaient pas tarder à en faire l'ex-
périence. Bien malheureusement.

Cet été-là, il faisait terriblement chaud. Les lézards, sur les murs lézardés, lézardaient. Chaque soir, la chaleur poussait les orages au-dessus des villes, et le tonnerre faisait trembler la terre. Mais éclairs et pluie ne rafraîchissaient qu'avec peine. Et les nuits restaient chaudes, d'une chaleur lourde, étouffante, qu'on aurait dit menaçante. Depuis peu, Volga était agitée et nerveuse. Mais précisément, ce soir-là, elle ne tenait pas en place, tournant en rond, flairant l'air et la terre, cherchant l'ombre sans cesse. Avait-elle pressenti ce qui allait advenir ? En tout cas, son instinct de louve s'était éveillé. Volga était inquiète. Et elle avait raison, bien raison.

La petite place au sol terreux sur laquelle s'était installé le Minus Circus était aux abords d'un minuscule village. Quelques maisons isolées s'étalaient çà et là. Le silence enveloppait tout. Alentour s'étendait la campagne dense, touffue. Des forêts d'épineux répandaient une odeur de résine et, plus loin, de sombres collines se perdaient déjà dans l'ombre mauve du soir qui n'allait plus tarder.

L'après-midi touchait à sa fin. Le chapiteau fut monté plus lentement qu'à l'habitude. La chaleur, accablante, fatiguait Monpa. Il respirait fort, s'essoufflait et s'arrêtait souvent pour s'asseoir. Le géant et Théo, soucieux, prirent tout en charge, malgré les protestations de Monpa : chapiteau et gradins. Mais l'endroit rappelait quelque chose à Monpa. Une sensation de déjà-vu qui le mettait d'autant plus mal à l'aise. Oui, il connaissait ce lieu et cela, sans raison apparente, l'inquiétait. Rien de très étonnant finalement. Le Minus Circus, comme la plupart des cirques ambulants, finissait tôt ou tard par refaire le même parcours, retrouver les mêmes lieux, parfois les mêmes villages. Il n'y pensa plus et malgré tout, se leva pour aider de son mieux Théo et le géant.

Quand tout fut enfin prêt, la lune était levée depuis un moment déjà et quelques spectateurs patientaient calmement à l'extérieur du chapiteau. Monpa souffla dans son cor le début du spectacle. Les spectateurs s'installèrent, une bonne vingtaine ce soir-là. Le géant et sa louve ouvrirent la représentation. Volga semblait encore très nerveuse. Elle avait beaucoup de mal à rester assise aux côtés du géant. Les tours s'enchaînèrent cependant : des bouquets fleuris jaillissaient des manches, des cordelettes « magiques » s'élevaient et dansaient comme des serpents vivants... Et le moment vint où le géant et sa louve, selon leur habitude, devaient s'avancer vers les gradins, choisir un spectateur au hasard et faire apparaître des pièces de monnaie inopinées au creux de ses poches. Mais la louve, cette fois-ci, refusa d'avancer. Elle regarda le géant d'un air anxieux et resta assise au centre de la piste, sans bouger. Le géant respecta la volonté de Volga. Il la laissa décider et, ébloui par les lumières vives qui tombaient des gradins, s'avança seul vers les spectateurs. Là, brusquement, dans un éclat lumineux, il saisit tout. Il comprit pourquoi Volga était si nerveuse ce soir. Il vit l'homme qui se tenait embusqué dans l'ombre, tout au fond des gradins. Et cet homme au visage rude, tout en ténèbres, était l'ancien propriétaire de la louve, le patron des forains. Après tout ce temps et malgré la distance parcourue, il les avait retrouvés. Et son expression semblait plus dure que jamais. Un visage de pierre froide. Le visage du malheur... « Toi, je vais te tuer ! » Cette phrase résonnait encore comme un écho dans le crâne du géant… « Toi, je vais te tuer ! » avait lancé le forain à Volga avant de disparaître de leurs vies.

Le géant et l'homme se toisèrent dans un terrible silence. Même les spectateurs sentirent très vite qu'il se passait quelque chose d'anormal, quelque chose de grave. Le forain avança soudain, menaçant, le visage secoué par un tic nerveux : son œil gauche clignant rapidement. Il se posta face au géant. Sa mine haineuse était celle d'un fou, acharné et furieux.

— Que voulez-vous ? demanda le géant, ne détachant pas un seul instant son regard de celui de l'homme.

Le forain, sans attendre, sortit une muselière et une forte laisse de cuir du sac crasseux qui pendait à son épaule.

— Je viens reprendre mon bien. Je viens reprendre ce qui est à moi ! siffla-t-il.

Un rictus s'ouvrit sur sa bouche édentée. Le bas de son visage voulait sourire, mais le haut, le regard, semblait être celui d'un spectre, d'un être malfaisant. On entendit, en arrière, le sourd grondement de Volga. Théo et Monpa étaient à ses côtés à présent. Alors Monpa à son tour reconnut le forain. Cet homme au visage de hyène qu'il avait malheureusement déjà croisé par le passé. Ce forain, avec son louveteau... *On se reverra, nabot!... On se reverra...*

—Comme on se retrouve, nabot! cracha l'homme, fixant longuement Monpa. Puis il plongea la main dans sa besace avec un méchant rire. Le géant avança un peu plus.

—Vous ne prendrez pas cette louve, chuchota-t-il, comme pour lui-même.

Là, le forain sortit cette chose de son sac, une barre courte et lourde, une barre de métal. Et il se dirigea vers la louve, dévisageant le géant d'un air narquois et plein de mépris. «Laisse-moi faire, géant!» lança-t-il au passage. Le géant le prit alors par l'épaule. L'homme fit volte-face, sa barre de fer levée, prête à frapper, mais le géant fut plus rapide et l'immobilisa de sa main immense. Ses doigts se refermèrent sur le bras du forain et serrèrent, de plus en plus fort. L'homme lâcha la barre qui résonna violemment contre le sol. Puis tout alla très vite. La suite fila, rapide et trouble comme un mauvais rêve.

—C'est... c'est mon animal, c'est mon bien! gémit pathétiquement le forain. J'ai les certificats et tout le reste. Vous n'avez pas le droit! La loi est avec moi!

Il se massait l'avant-bras en grimaçant, exhibant quelques rares dents jaunâtres, obscènes.

Alors, soudainement, on entendit le crissement d'une camionnette rapide freinant à l'extérieur. Le forain sourit fort. Son visage se fendit réellement cette fois, d'un rictus haineux de vainqueur. Et deux policiers poussèrent la toile du chapiteau sous les regards stupéfaits des spectateurs. Alors, le géant sut ce qu'il fallait faire. Il regarda sa louve droit dans les yeux. Les pupilles de Volga se dilatèrent comme deux lunes sombres.

— Volga! Va-t'en! Cours, Volga! Le plus loin possible! Et ne reviens jamais! Cours! Allez! cria-t-il.

La louve l'observa un bref instant. Ses pupilles se dilatèrent un peu plus et, en quelques bonds, elle fut dehors, froissant dans un souffle la toile du chapiteau. Elle se figea, le temps d'un éclair éblouissant, devant Chien-Jaune. Et s'engouffra dans la nuit orageuse.

Au loin, un second éclair alluma le ciel. Chien-Jaune eut juste le temps d'apercevoir Volga une dernière fois dans la lumière blanche éclatante. Un éclat de louve, sauvage et magnifique. Et la nuit se referma sur elle. Le formidable craquement d'un coup de tonnerre retentit. Une pluie dense et serrée commença à tomber sur la terre.

Toute la nuit durant, le désespoir, puis l'abattement s'étaient emparés du géant. Ni Théo, ni Monpa, ni Chien-Jaune n'avaient pu fermer l'œil, ni même trouver le moindre repos. Ils s'étaient finalement tous retrouvés autour d'un inutile feu de bois – il faisait déjà chaud – peu avant l'aube. Le ciel était encore si sombre, le mutisme et la stupeur les emprisonnaient. Chien-Jaune, nerveux, tournait, errait çà et là, flairant le vide avec anxiété. Non, ils n'avaient pas rêvé. Pas de cauchemar non plus. Tout avait été bien réel, malheureusement. Une horrible et terrible soirée, une soirée que chacun se remémorait avec un effroi grandissant.

« Elle ne tiendra pas longtemps comme ça... Pfuitt! Au moins, elle ne sera plus pour personne! » avait dit le forain avec rancœur. Et malgré le dépit et l'aigreur qui déformaient ses traits, il avait ri presque joyeusement en toisant le géant. Sa haine le nourrissait, elle le comblait. Il n'avait besoin de rien d'autre. Les policiers n'avaient pas fait d'histoires. Ils avaient simplement dit à Monpa, laconiques : « Il vaut mieux pour vous que vous repreniez la route, sans tarder. »

Avant de faire demi-tour et de filer dans la nuit, le forain avait lancé un dernier regard, un regard noir et coupant comme une lame, vers le géant. « De toute façon, on se retrouvera tous les deux... Tu perds rien pour attendre. » Et il avait craché par terre.

Autour du feu qui finissait de s'éteindre, personne n'osait briser la chape de silence. Un petit scarabée, affolé par les volutes de fumée, se cogna au dos de Chien-Jaune et s'y posa, s'empêtrant dans la fourrure jaune. Mais Chien-Jaune n'y prit même pas garde, et aucun d'eux n'avait le cœur à la joie. Théo libéra l'insecte, le posa sur sa main et leva son bras vers le ciel. Le scarabée s'envola tout droit et s'éclipsa.

Ils démontèrent et plièrent le chapiteau. *Volga avait disparu... C'était fini...* Ces mots résonnaient autour du géant, dans son crâne, dans le bruit du vent, dans le souffle des arbres. Ils attendirent trois jours et trois nuits.

Veillant à tour de rôle, explorant les bois alentours des heures durant, parcourant des kilomètres de broussailles et de forêt. «Volga! Volga!...» lançait le géant sans y croire, les larmes lui montant aux yeux. Chien-Jaune disparaissait tout le jour, et quelquefois une grande partie de la nuit. Mais sans succès. On ne retrouva pas Volga.

Le soleil se levait pour la quatrième fois depuis cet épouvantable soir. Et la grande route défilait depuis l'aube. Le camion ronronnait, égal à lui-même. Monpa et Théo, visages serrés, fixaient le ciel vide. Chien-Jaune, à leurs pieds, ne bougeait plus du tout. De temps à autre, il poussait une plainte brève qui ne faisait qu'ajouter à la tension du moment. Le géant avait les yeux brillants, bien trop brillants. Les traits de son visage étaient tirés et il paraissait d'un seul coup beaucoup plus vieux qu'à l'habitude. Un nouvel orage de chaleur se préparait, épaississant l'horizon au-delà du pare-brise.

Le ciel se faisait de plus en plus lourd, de plus en plus sombre. Parfois, la lueur d'un éclair lointain s'allumait sur les collines là-bas. La route était déserte, il était encore très tôt. L'humidité de la nuit passée luisait sur le noir du bitume. Un silence tendu régnait à l'intérieur de la cabine du camion. Quelque chose se préparait. Serait-ce du terrible ? Serait-ce du magnifique ? Cela, nul ne pouvait le savoir. Car les deux choses font partie de nos vies.

La route, au fil des kilomètres, se transformait, devenait moins large, bordée de chaque côté par de grands arbres aux longues ombres vertes. Le vent se levait, froid et humide. Tout frémissait dans les champs et sur les collines. Théo frissonna et ferma la vitre du camion. C'est à ce moment-là qu'ils aperçurent, tous les trois au même instant, cette voiture stoppée au beau milieu de la route, tous phares allumés dans l'ombre dense du petit matin… Quelqu'un, un homme trapu, était assis contre le capot, bras croisés, visage baissé vers la chaussée. Monpa ralentit et s'arrêta. Il n'eut pas d'autre choix. Alors, l'homme leva lentement le visage et ils le reconnurent. Cet homme, c'était le forain. Son visage plus laid et mauvais que jamais. Un fusil de chasse brillait entre ses mains. Monpa, calmement, effleura l'épaule de Théo : « Toi, tu restes là, d'accord ? » murmura-t-il. Puis, sans attendre de réponse, il sortit, accompagné du géant.

Ils se jaugèrent sans un mot, à quelques mètres seulement les uns des autres. Le forain cracha sur la manche de sa veste, faisant mine de vouloir nettoyer le canon de son fusil d'un air faussement détaché.

—Comme on se retrouve, mes amis, mes bons amis, siffla-t-il sournoisement entre ses dents jaunies.

Le géant et Monpa, sur leurs gardes, ne répondirent pas, prêts à réagir au moindre signe. Le sourire du forain s'élargit... *Une hyène...*

—Vous avez peur ? Il ne faut pas, continua-t-il, croisant les bras autour de son fusil. Non, il ne faut pas. Je ne suis pas fou, pas totalement...

Il les fixa longuement tour à tour et reprit :

—Ce fusil n'est pas pour vous, *pas encore* en tout cas ! Un gloussement, un début de ricanement sortit de sa gorge... C'est juste un fusil, un fusil de chasse. Au cas où...

Le forain marcha alors d'un pas lent vers la portière ouverte de sa voiture, posa l'arme sur la banquette arrière. Il se retourna. Son visage changea, son expression sournoise, douce-reuse, reprit une teinte pleine de haine.

—À votre avis, qui la retrouvera le premier ? Hein ? Qui ?

Et il s'engouffra dans sa voiture, lâchant un rire aigu de dément. Il démarra en trombe, fit demi-tour dans un crissement de pneus, passa devant le camion, jeta un regard terrible sur Théo et s'éloigna sur la route ténébreuse. Monpa et le géant attendirent que la voiture ne soit plus qu'un point minuscule sur la route, puis disparaisse complètement. Seulement à ce moment-là, ils remontèrent dans le camion. Théo était transi, mâchoires serrées. Les poils sur le dos de Chien-Jaune étaient dressés, bien haut. Monpa posa doucement sa main ouverte sur celle de Théo. Un éclair, plus proche, ouvrit le ciel de son éclat froid. « Ça va aller... dit le géant, se voulant rassurant. Volga est loin à présent... » Son visage se ferma à nouveau. « Je l'espère... Je l'espère de tout mon cœur... » ajouta-t-il dans un murmure. Ils restèrent un long moment silencieux. Puis Monpa tourna la clé de contact, et le camion repartit, perçant la campagne qui s'obscurcissait de plus en plus.

Le ciel s'effondra sans prévenir. Toute l'eau du monde sembla s'échapper d'un seul coup. Une pluie dense, lourde, estompait le paysage à travers les vitres embuées du camion. Les éclairs déchiraient le ciel presque noir. On ne voyait plus rien. On aurait pu se croire sur un bateau en pleine tempête. Monpa, au volant, ralentit, ouvrant grand ses yeux derrière le pare-brise, concentré sur la route qui s'effaçait sous les trombes d'eau. Soudainement, coupant le rideau de pluie un peu en avant, deux grands cerfs pris de panique traversèrent la route. Un coup de tonnerre ébranla la cabine du camion. Monpa tressaillit. Croisant le regard de Théo, il ralentit encore, roulant au pas, pied sur la pédale de frein.

—On va s'arrêter... On trouve un endroit pour le camion et on attend que ça passe.

Théo se tourna brusquement vers Monpa et ouvrit la bouche, mais il n'eut pas le temps de crier. Un coup de frein violent secoua tout le monde. Le camion glissa un instant et s'arrêta d'un seul coup. Quelques mètres de plus et ils auraient frappé cette chose, cette ombre grise qu'ils venaient d'entrevoir au milieu de la route. Un fantôme sous la pluie. Le géant ouvrit la portière et sortit. Volga était là. Trempée et efflanquée, bien droite sur ses pattes, ses beaux yeux d'or perçant le déluge, fixant le géant d'un regard plus présent, plus sauvage et vivant que jamais.

Après ça? Eh bien! Après ça, ce fut une douche mémorable! En plein milieu de la route, sous les éclairs et le tonnerre, comme des fous mouillés, des dingos, des déments, des insensés et des marteaux, plus humides, trempés et imbibés les uns que les autres, s'embrassant au milieu des grenouilles, salamandres et tritons, et même de quelques limaces et autres escargots hallucinés, leurs yeux haut dressés, s'étonnant des débordements affectifs explosifs de ces mammifères excités irresponsables (d'accord, j'en rajoute un peu là). Bref, ce fut magnifique, terrifique, mirifique. Et j'en passe.

Volga était revenue. Re-ve-nue! Elle les avait trouvés. L'instinct?... La chance?... Un peu les deux, sans doute. Comment le savoir? Un animal comme Volga avait tant de ressources, tant de beauté et de mystère en elle. Chien-Jaune était fou, on aurait dit un chiot, un chiot jaune un peu stupide même ! Il sautait autour d'elle, jappant et aboyant, grattant la terre, la frôlant sans cesse, queue basse en signe d'accueil. Ce soir-là, ils reprendraient leurs vieilles habitudes, galopant dans les bois, disparaissant sous la lune comme des sauvageons. Le bonheur jaune pour un Chien-Jaune.

Monpa trouva un village à peine plus loin, mais ne s'y arrêta pas. La pluie s'était calmée à présent, et il préféra rouler encore, mettre de la distance entre l'affreux forain et le Minus Circus. Il faisait noir, totalement, quand ils s'arrêtèrent enfin.

Le chapiteau, les gradins, ne furent pas installés. Pas du tout. On décida d'un commun accord que l'on prendrait quelque repos. Tout le monde était secoué et Monpa avait les traits tirés, paraissant plus âgé et fatigué que jamais. Après les effusions d'usage, courses de lune et jauneries, Volga s'endormit au coin du feu et ne bougea plus jusqu'au lendemain, Chien-Jaune à ses côtés, veillant, grognant au moindre bruit, au plus petit craquement, jouant son rôle de protecteur avec un bien grand zèle. Le géant et Monpa sortirent pipe, rhum et échiquier, et Théo contempla longtemps les étoiles.

Ce fut une soirée heureuse, lumineuse. Parfaite. Un soir sur la terre comme on les aime tous. Hommes, animaux, feuilles et pierres. Parfums, terre et ciel. Tout était maintenant à sa place. La grosse boule bleue pouvait tourner sur elle-même, danser autour du soleil. Tout était simple, tranquille et beau.

Enfin, la clarté du jour nouveau se leva, majestueuse, sur les hommes... Et sur tout le reste : oiseaux, arbres, collines, océans, réfrigérateurs, salières, pantoufles, homards... Enfin tout le reste, quoi !

Bien sûr, l'inquiétude, une certaine tension même était encore présente dans tous les esprits. Monpa et même Chien-Jaune avaient eu un sommeil agité, nerveux, mais le soleil qui inondait la campagne semblait augurer d'un espoir nouveau. Volga était là, avec eux. Il suffirait de rouler, de changer d'horizon, de rejoindre cet espoir-là, et tout serait permis. La joie serait une fois de plus avec eux.

Aussi, simplement, ils s'en allèrent, droit vers le levant, retrouvant peu à peu leur courage. Bercés par la route qui défilait paisiblement, ils se contentaient de regarder le soleil grandir à travers les vitres du camion. Une équipe, une famille. Voilà ce à quoi ils ressemblaient ! Théo,

Monpa, Chien-Jaune, le géant et Volga!... Et c'était beau à voir! Sacrément beau!

Ah, ils en avaient vu des routes! De toutes les couleurs! Et ils en verraient encore. Des levers de soleil, et tant de couchers aussi... Une vraie collection! La plupart des hommes dormaient, s'éveillaient, allaient et venaient, mais eux, roulaient, avalaient du chemin. Et ça aussi, c'était bien comme ça.

Théo observait, sur le côté de la route, la présence des hommes: du linge étendu, des fleurs dans un jardin, parfois une lumière jaune perçant une fenêtre, un chien noir endormi, de temps à autre quelques vaches frissonnantes. Un simple matin sur la terre. Théo regarda Monpa au volant, le géant à ses côtés. C'était vrai, ils étaient sa famille. Et lui quittait l'enfance, peu à peu, depuis déjà long-temps. Qu'allait-il advenir maintenant? Il ne le savait pas. Il essayait de se concentrer uni-quement sur le moment présent: le soupir de son ami jaune à ses pieds, sa famille près de lui, Volga qui somnolait à l'arrière, le ronron-nement un peu bougon du camion. Pour l'ins-tant, il leur fallait un endroit, un beau coin, un havre. Ça, c'était certain. Ils avaient besoin de retrouver cette chose précieuse: la con-fiance, la joie simple. Trouver un havre et s'y arrêter un moment. C'était tout, et ça suffirait bien pour l'instant.

Mais alors que le soleil était déjà assez haut, le ciel sembla s'obscurcir. Quelque chose était en train de voiler la lumière, une lueur crépusculaire enveloppait le monde. Le visage de Monpa se crispa imperceptiblement. Le camion ralentit tout de suite. Chien-Jaune se leva et très vite, les poils de son dos se dressèrent. Une ombre déployait ses ailes au-dessus d'eux. Alors, la nuit tomba sur le monde. Et le soleil disparut peu à peu.

Monpa rangea le camion sur le bas-côté, tous feux allumés. « La nuit… la nuit en plein jour », pensa-t-il tout haut. À l'arrière, derrière la fine cloison, on entendit Volga hurler une longue fois… Théo, étonné, regarda encore le ciel obscurci, et ouvrit la portière.

— Une éclipse… murmura le géant. Et c'est bien la première fois que je vois ça.

Un disque noir, opaque, avait envahi le cercle étincelant du soleil, se déplaçant très lentement. Les derniers rayons de lumière blanche disparaissaient. Le géant fit sortir Volga et, en un instant, tout le monde fut dehors, pieds et pattes dans l'herbe fraîche, souriant sous cette nuit étrange, nez en l'air, truffes hautes.

—Fantastique! chuchota Théo tout en ébouriffant les poils jaunes de Chien-Jaune.

Chien-Jaune, lui, gémit un petit coup et cligna trois fois des yeux vers Volga. La louve leva alors lentement le museau vers le soleil noir, totalement masqué à présent, et poussa un hurlement magnifique. Le géant sourit, « Oui, ma belle... Tu as raison, ça ressemble à la nuit... » Effectivement, ça ressemblait à la nuit. La route, les grands prés sur le côté et au-delà, tout semblait plongé dans une nuit bleutée, profonde, abyssale. Tout paraissait tranquille, en suspens. Même les oiseaux s'étaient tus. Le silence, presque douloureux, faisait bourdonner les oreilles. Le disque d'ombre de la lune glissait sur le soleil, libérant peu à peu la lumière à nouveau. La nuit se faisait lentement moins obscure. Alors Volga hurla une dernière fois, longuement, presque avec douceur, aurait-on dit, étreignant le ciel de son long chant sauvage, pur... La lumière revenait.

—Fais un vœu, mon Théo! C'est ta première éclipse, et peut-être n'en verras-tu aucune autre, dit Monpa avec tendresse.

Mais Théo n'eut malheureusement le temps de formuler aucun vœu. Chien-Jaune et Volga se retournèrent en même temps, tous poils hérissés. Et une voix érailla le silence... Le forain. Le forain était là.

Son fusil entre les mains, sa vieille voiture garée un peu en arrière, il les toisait avec dédain. Le cercle solaire était presque complet. Une deuxième aube se levait sur la terre.

— Alors, comme ça, vous l'avez trouvée avant moi ? Comme c'est gentil, oh comme c'est gentil à vous, cracha sournoisement le forain. Sa bouche se fendit largement, comme s'il allait se mettre à grogner ou à mordre, découvrant ses dents jaunâtres.

— C'est si agréable d'avoir affaire à des gens honnêtes, persifla-t-il encore.

Volga et Chien-Jaune se tenaient face à lui, droits sur leurs pattes, avec des regards qui semblaient vouloir le transpercer.

— Oui, nous l'avons trouvée... et elle restera avec nous, dit le géant d'une voix forte, paraissant plus grand que jamais.

Monpa s'avança à ses côtés et ajouta :

— Cette louve ne vous appartient pas. Cette louve n'appartient à personne. Elle nous a choisis, c'est tout. Et ce sera comme ça. Allez-vous-en maintenant !

Théo s'avança à son tour, l'air décidé, fort de son énergie d'homme naissant.

— Ah bon ! Ah bon ! Eh bien, c'est ce qu'on va voir, ricana le forain.

Il pointa le canon de son fusil droit sur Volga, d'un air résolu. Chien-Jaune poussa un grognement terrible, profond, sûrement le tout premier de cette sorte. Il se tassa sur lui-même, prêt à bondir.

— Tenez votre sale cabot ! éructa le forain en plaçant son index sur la gâchette.

Théo, promptement, posa sa main ouverte sur le dos de Chien-Jaune. Alors un silence écrasant tomba sur eux. Une immobilité totale s'empara de la scène. On aurait pu croire que tout cela n'était qu'un cauchemar, ou bien une mise en scène, de simples personnages de cire, une galerie de fantômes. Mais, malheureusement, tout était bien réel. Cet étrange moment, cette attente ne dura pas plus de quelques secondes, quelques secondes qui ressemblèrent à l'éternité tout entière. Le forain épaula son fusil fermement, son doigt caressant la détente, un sale sourire sur les lèvres... « Il a promis de la tuer... pensa le géant, il a promis. Et il le fera. Sans hésiter. »

— Oh, comme c'est bon, siffla le forain. Oh, comme j'aime ça...

Le géant s'avança sur lui.

— Toi, géant, ne bouge pas! grogna-t-il, tassant un peu plus le fusil au creux de son épaule.

Poings serrés rougissant ses phalanges, le géant se figea, prêt à tout.

— Allez, vas-y! Mais vas-y! J'attends que ça. Bang! Y a plus Volga! Fini Volga! chantonna le forain en ricanant.

Alors, tous surent, tous eurent la conviction qu'il allait le faire, qu'il disait la terrible vérité, une vérité dure, acérée comme la lame d'un poignard.

— Eh bien, maintenant vous n'allez plus bouger, plus bouger du tout! Même pas d'un poil! ajouta le forain, jetant un coup d'œil vers Chien-Jaune.

Théo resserra ses doigts sur la nuque de son ami. Mais Chien-Jaune avait compris, avait senti bien avant lui. Il était totalement immobile, même si tous ses muscles étaient tendus à craquer.

— Maintenant la suite! Toi, le géant, tu te débrouilles pour amener cette louve jusqu'à ma voiture, et là, tu la balances dans le coffre. Tout de suite! Maintenant! Allez! Fais ce que je te dis! hurla-t-il, hystérique, monstrueux, ses yeux presque révulsés par l'excitation et la peur mêlées.

« Cocktail dangereux, dangereux à l'extrême... » pensa Monpa.

— Allez, allez ! Fais ce que je te dis ! hurla à nouveau le forain agitant son fusil en tous sens.

Le géant hésita encore un bref instant puis s'agenouilla enfin près de la louve. Il lui prit doucement la tête, plongea ses yeux dans les siens et murmura :

— On ne t'abandonnera pas. N'oublie jamais ça.

Le visage fermé, il souleva Volga dans ses bras et se dirigea lentement vers la voiture. Volga ne se débattit pas, non, elle semblait avoir senti le danger qui les menaçait tous. Le forain, plus nerveux que jamais, sautait d'un pied et de l'autre, pointant son fusil tous azimuts, se retournant brusquement vers Monpa comme s'il allait faire feu, puis sursautant pour rien, et mettant à nouveau en joue le géant et sa louve. Tous pouvaient sentir la catastrophe imminente, la mort qui guettait, qui se promenait, silencieuse autour d'eux. Il aurait suffi d'un seul geste, un geste un peu brusque, un simple grognement, pour que tout bascule. Là, le forain se mit à courir sur ses petites jambes maigres, rattrapant puis dépassant le géant. D'une main, il ouvrit le hayon arrière de sa voiture. Un filet de corde épaisse, tendu comme un mur, séparait l'intérieur du coffre, de l'habitacle. Le géant y déposa Volga et lui chuchota à nouveau quelques mots. Le forain planta le canon de son fusil entre les omoplates du géant, et d'une main referma le hayon sur Volga.

— Maintenant, tu retournes sagement avec tes amis. Je ne te raccompagne pas, tu connais le chemin ! ricana-t-il. Et pas de blagues ! Sinon…

Le géant se retourna, faisant face au forain, tétanisé, prêt à empoigner le fusil d'un geste ultime, désespéré. Un dernier geste. Mais l'homme, sur ses gardes, dut le sentir aussitôt. Il recula d'un pas rapide, son doigt caressant la gâchette, le visage agité de spasmes nerveux.

— J'ai dit PAS DE BLAGUES ! rugit-il, poussant brutalement le géant du bout du canon, plusieurs fois, le forçant ainsi à reculer.

Il attendit un moment que le géant se soit éloigné, puis s'engouffra dans la voiture, claqua la portière et démarra en trombe.

C'était fait. C'en était fait. Il emportait Volga. Vers une mort certaine ? Vers une vie à peine plus enviable ? Nul ne le savait. Une chape de plomb s'abattit alors sur le petit

monde du Minus Circus. Le géant, impuis-
sant, serra les poings. Il n'avait rien pu faire.
Rien.

— Pas trop vite surtout. Il ne faut pas qu'il nous aperçoive.

C'était la voix du géant qui murmurait à l'intérieur du camion. Monpa au volant faisait de son mieux. Théo et Chien-Jaune, anxieux, scrutaient la route à travers le pare-brise. Que pouvaient-ils faire d'autre ?

C'était une idée de Monpa. La seule chose à faire. Voilà ce qu'ils avaient décidé, sans aucune réflexion, simplement dans l'urgence et la stupeur partagée : ils suivaient la voiture du forain, de loin, hors de sa vue, en espérant que celui-ci ne s'en apercevrait pas. Et la suite ? Ils n'en avaient pas la moindre idée. Juste la vague illusion qu'une chose inespérée survienne, l'attente d'une maigre chance. Le désespoir les poussait. Ils ne pouvaient envisager d'abandonner Volga. C'était tout. Ils n'avaient rien d'autre, aucun autre plan.

Monpa accéléra. Le paysage défilait rapidement à présent, le camion tanguait à chaque virage. Et chaque fois que Théo apercevait la moindre brillance, le plus petit reflet de la voiture du forain, loin en avant, Monpa ralentissait, laissant l'écart se creuser à nouveau. Chacun d'eux savait que si par malheur le forain venait à s'apercevoir qu'il était suivi, une chose terrible arriverait, une chose à laquelle ils préféraient ne pas penser. Alors ils se laissaient distancer, sachant bien qu'il suffirait d'un simple croisement pour que, d'un coup de volant décisif, le forain disparaisse à jamais et que tout soit terminé. Mais ils n'avaient pas d'autre choix, et quand le camion croisait un chemin imprévu ou une route qui s'ouvrait sur le côté, Théo ne pouvait s'empêcher de frissonner.

La voiture de l'homme au visage de hyène roulait vite. Volga, le museau contre le filet de corde, regardait le reflet du forain vibrer dans le rétroviseur. Elle ne gémissait pas et, étrangement, un grand calme s'était levé en elle. Elle savait, elle sentait simplement que quelque chose allait se passer et, quelle qu'en soit l'issue, elle se sentirait prête, prête à tout. Même au pire. Et le pire allait arriver, ça on pouvait en être sûr. Car le pire était déjà là. Puissant et ténébreux.

Le forain conduisait brusquement. Son fusil posé sur les genoux. Le visage agité de tics nerveux, il ne disait rien. Il se contentait de grincer des dents quand il croisait le regard de Volga. Il pouvait rire, le lâche, un filet de corde les séparait tous deux. La louve, à l'arrière, restait difficilement debout, chancelant au rythme des virages, ne le quittant pas des yeux une seule seconde. Le forain se pencha, ouvrit la boîte à gants d'une main et en sortit une muselière, un fort collier de métal que Volga reconnut tout de suite. Il posa le tout sur le siège vide à côté de lui et gloussa une fois de plus, tournant son visage un bref instant vers la louve.

— Tu te souviens de ma promesse, tu t'en souviens, hein, ma belle ?

Volga regardait le forain. Et elle se souvenait de tout, bien sûr. Sa cage minuscule, toujours sale, les coups, les railleries des visiteurs, la solitude de ses nuits... Elle plongea profondément ses yeux d'or dans ceux du forain. Il détourna le regard, son visage glissant sur le miroir du rétroviseur. Elle regarda alors autour d'elle. La transparence solide de la vitre arrière, le filet de corde épaisse qui se tendait devant elle... Le forain ricana, moqueur. Il prit le fusil sur ses genoux et le brandit en l'air, les yeux fous, cognant le plafond de l'habitacle plusieurs fois comme s'il jouait du tambour.

—Tu es à moi! cria-t-il d'une voix de dément... À MOI!

Alors Volga sut ce qu'il lui restait à faire. Et même si la mort était au rendez-vous, il n'y avait plus aucune peur en elle. Sourdement, un grognement monta de sa gorge.

Dans le camion aussi régnait une tension terrifiante. Monpa, le géant, Théo, tous, sans savoir vraiment pourquoi, sentirent le sang refluer de leurs corps. Un froid subit les envahit. Ils croisèrent une nouvelle route, ralentirent, mais n'aperçurent rien. Rien du tout. Tout était vide, inexorablement vide. Alors Monpa accéléra, croisant le regard anxieux du géant et celui, non moins inquiet, de Théo. Le paysage s'était transformé. Sur le bord de la route, un ravin touffu, boisé, troué de grandes roches, plongeait et disparaissait sur leur droite. Des falaises profondes montaient d'une rivière en contrebas. De temps à autre, ils apercevaient au détour d'un virage, une gorge de roche escarpée, et parfois l'éclat furtif de l'eau courante, loin, très loin en bas, presque hors de vue. Monpa accéléra encore. « Plus le choix », pensa-t-il. Et il avait raison. Son pied se fit plus lourd sur la pédale d'accélérateur. Le paysage défila. Le camion avala la route… « Oui, plus le choix ! »

À l'instant même où Monpa distingua à nouveau le reflet de la voiture du forain devant eux, se rapprochant rapidement, Volga se décida et s'élança vivement contre le filet de corde. Mordant dans le chanvre, grognant puissamment, y mettant toutes ses forces, son dernier courage, bondissant encore, cognant le filet de sa gueule ouverte. Le forain affolé, sursauta et se retourna très vite. Et c'est là qu'il aperçut le camion du Minus Circus en arrière, encore lointain mais bien réel.

— Vous allez tous me le payer ! Tous ! hurla-t-il. À commencer par toi !

Brusquement, son pied appuya à fond sur l'accélérateur et Volga fut projetée violemment en arrière contre la vitre. Elle se releva et bondit à nouveau sur le filet, frôlant le visage révulsé du forain à travers les cordes distendues. Alors le forain, conduisant d'une seule main, pointa le fusil sur Volga. Les yeux dorés de la louve s'agrandirent. Son doigt pressa la détente. La voiture fit une embardée. Un coup de fusil terrifiant résonna dans le ciel.

Derrière, Monpa accéléra, puissamment cette fois-ci. Tous les trois furent plaqués contre leurs sièges. Ils eurent juste le temps d'apercevoir là-bas, la vitre arrière de la voiture du forain éclater en morceaux, le véhicule faire un brusque écart, dévaler l'étroit ravin, puis glisser vers l'à-pic vertigineux des falaises et y basculer d'un seul coup, comme happé par le vide.

Oui, le coup de feu était parti. Volga s'était jetée en avant, cognant le fusil de ses dents, et le coup était parti. Elle avait senti le souffle âcre de la poudre brûlée contre son museau et les éclats de verre sur son dos. Et elle avait sauté. À l'instant précis où la voiture quittait la route, elle avait bondi à travers la vitre brisée et s'était retrouvée sur l'asphalte, sa tête heurtant violemment le sol dur. Alors le noir avait tout envahi. Le ciel, l'intérieur de son crâne, et son corps en entier.

Quand ses yeux s'étaient à nouveau ouverts, le gros museau jaune de Chien-Jaune soufflait tout près. La première chose qu'elle perçut fut les mains de Théo qui la touchaient. Puis elle distingua la voix du géant qui disait son nom. Et un bruit énorme, une explosion lointaine. Enfin, elle se sentit soulevée, comme dans un rêve. Elle reconnut l'odeur du géant, ferma les paupières et se laissa faire, tout à fait comme dans un rêve, un songe étrange et flottant.

Monpa et Théo avaient couru vers le ravin puis s'étaient penchés au bord de la falaise, la vue totalement masquée par un grand surplomb rocheux. Et c'est alors que l'explosion avait retenti, très loin en contrebas, hors de leur vue. Puis tout était redevenu calme. D'un calme effrayant... « Rien. Il n'y a plus rien à faire, pensa Monpa... C'est fini. »

Du fond du précipice, un silence absolu montait à présent.

Alors, englués, stupéfaits, ils reprirent la route une fois de plus, laissant l'éloignement effacer ces instants terribles, sentant confusément que rien ne serait jamais plus comme avant, que ce cauchemar les hanterait longtemps, très longtemps. Toute leur vie sans doute. Mais, là, dans l'instant présent, ils se rattachaient tant bien que mal à l'essentiel : Volga était avec eux. Une partie du cauchemar était conjurée. Le coup de fusil qui lui était destiné, en terminant dans le pare-brise arrière, lui avait finalement sauvé la vie. Sans cela, jamais elle n'aurait pu sortir de la voiture, elle serait restée prisonnière des vitres et du métal. À jamais.

Volga respirait calmement à présent. Peu à peu, la louve se remettait. À l'arrière, dans les bras du géant, elle émergeait de sa nuit. Une oreille éraflée par les plombs, et quelques ecchymoses. Elle avait eu de la chance. Et elle la méritait. Une fois de plus, le magnifique l'avait emporté sur le terrible. Elle ouvrit les yeux. Le géant lui sourit.

Des jours semblables sans blagues et sans bla-bla semblaient s'assembler sans pour autant se ressembler (ceux que ça énerve pourront m'écrire).

Le petit cirque avait tracé sa route, chaussant de symboliques bottes de sept lieues, posant plusieurs centaines de kilomètres entre mauvais souvenirs et temps présent. Depuis ce fameux soir, les représentations s'étaient bien espacées. Un peu de répit ne serait pas de trop. Chacun avait besoin d'oublier, de reprendre confiance. La chaleur de l'été s'était apaisée, la fraîcheur de l'automne se levait peu à peu. Les vents froids, chargés de parfum de neige, ne tarderaient pas. Ici, l'hiver tombait vite et fort, sans prévenir.

Une « erreur d'aiguillage » décida finalement pour eux. Monpa au volant était bien fatigué, et un moment d'inattention avait suffi. Un croisement, deux routes en V... Ils devaient aller vers le sud et les grandes villes, mais Monpa prit la route qui filait vers le nord. Une erreur, une simple erreur qui les mènerait vers le plus bel endroit qu'ait jamais vu Théo. Un lieu des plus magnifiques. Un endroit d'où Monpa ne repartirait plus, un endroit qui les attendait tous les cinq. Depuis toujours.

La route défilait. Et le ciel semblait se faire plus clair, plus éclatant. Les arbres, de chaque côté, étaient larges et droits à présent. Des géants. De vastes et sombres collines s'étendaient au loin. Les automobiles se faisaient rares… «Oh, un panneau!» 160… 160 Nord?!

— Eh bien! Qu'il en soit ainsi! lança joyeusement Monpa.

Théo et le géant échangèrent un regard étonné. Chien-Jaune leva la tête et lorgna au-dehors. Il cligna des yeux trois fois.

Ils roulèrent encore deux heures, jusqu'à ne plus croiser ni route ni voiture. L'air se faisait plus frais, même à l'intérieur de la cabine, et la chaussée devenait moins facile: des graviers, des trous de plus en plus nombreux. La roulotte était secouée à l'arrière. Monpa n'eut d'autre choix que de ralentir. Le paysage n'était déjà plus le même. Le ciel bleu était vif, coupant, au-dessus des arbres et des collines de roches. De grands sapins bleutés se dressaient à perte de vue. La route aussi se transformait, cédant peu à peu la place à un large chemin de terre brune. De chaque bord : un grand mur d'arbres sombres. L'ombre envahissait tout à présent, et Théo avait un peu froid. Monpa ralentit encore. Alors, aussi soudain qu'un éclat aveuglant sur une vitre, un fragment de bleu argenté scintilla entre les arbres. Cristal de verre éblouissant. Monpa stoppa le camion. Le chemin se terminait. Un cul-de-sac s'ouvrait sur une lumière sauvage, éclatante. Les arbres s'écartaient sur un lac, un lac d'un bleu vif presque douloureux après l'ombre dense du chemin.

— Incroyable ! s'exclama le géant.

« Oui... Tout à fait incroyable », souffla Monpa dans un murmure.

Théo sortit sans attendre, Chien-Jaune était derrière lui. Tout de suite, il alla ouvrir la porte à l'arrière du camion. Volga fut dehors d'un seul bond. Surprise par tant de lumière, elle se figea un bref instant, ses yeux d'or ouverts sur ce qui l'entourait.

La forêt se penchait sur l'eau bleue. Au fond, les hautes collines se perdaient bien au-delà de l'horizon. Tout autour, des vallons d'herbe verte trouée de fleurs sauvages s'allongeaient, tout en douceur, tout en rondeurs.

De longues ombres arborescentes s'étendaient partout sur la terre. Chien-Jaune et Volga, sans hésiter, partirent en courant, bondissant, chahutant : museaux dans l'eau, galopades, éclaboussures et allégresse. L'évidence. La perfection au-dessus, tout autour et au-dedans. En cet instant précis, le paysage s'apparentait au cœur de Volga. Le lac était dans ses yeux, l'or du soleil nourrissait son sang. Tous les deux filèrent dans la forêt et s'y enfoncèrent. Corps et âmes. Théo sourit à Monpa. Le géant s'agenouilla devant le miroir de l'eau et y trempa ses mains, lentement. Encore une évidence. Il regarda le minuscule îlot qui perçait le milieu du lac. C'était... c'était...

Oh ! Une liste ! S'il vous plaît ! Une toute petite ! Juste quelques mots ! Ce sera la dernière, promis ! Juré ! Craché !

– beau
– pur
– sauvage
– faramineux
– fabuleux
– lumineux
– bleu
– inopiné

- inattendu
- inespéré
- mais pourtant là
- bel et bien là !

Le crépuscule n'allait plus tarder. Un petit camp « tout confort » fut établi près du lac. De simples couvertures sur le sol, une toile de tissu vert sur quatre longs bâtons pour le soleil, ou la pluie. Et évidemment, un foyer, un petit feu fut allumé. Ainsi, la nuit pouvait tomber. On fit griller quelques tranches de pain, on sortit du fromage et de magnifiques pommes rouges. Puis on s'installa pour la soirée.

Le feu ne fut pas de trop. À cette latitude, le froid était déjà là, vif et pénétrant. Le ciel, bleu foncé comme une mer profonde, étincelait. Les collines et les pierres se découpaient sous la lune et le petit lac reflétait la lumière de la nuit. Monpa, le géant et Théo étaient plongés dans leurs pensées, les yeux perdus au cœur des flammes.

Théo regarda Monpa. Dans la lumière vacillante, son visage était formidable : sa grande barbe flamboyante, ses belles et profondes rides, ses yeux clairs comme des lacs... « Quel âge pouvait-il avoir ? » se demanda

Théo. Il ne le savait pas. Il savait juste que Monpa était âgé, très âgé… Alors Monpa, visiblement ému, leva le visage vers Théo, avec douceur. À cet instant précis, une tristesse sourde se cachait, secrète, tout au fond des yeux de Monpa.

—J'ai rêvé de cet endroit. J'ai vu ce lac. Il y a longtemps, très longtemps, dit doucement Monpa. Et il neigeait… Oui, il neigeait.

Le géant le regarda, l'invitant à continuer. Monpa laissa passer quelques secondes, pensif, puis reprit :

—Mais je ne me souviens de rien d'autre. Il y avait ce lac, et la neige commençait à tomber… Je ne me souviens plus de la fin.

Il y eut encore une pause. Quelques étincelles en profitèrent pour crépiter dans le foyer. Le géant regarda autour de lui, lentement, les flammes rosissaient les joues et venaient vibrer sur tous les visages. Alors, comme si l'idée venait de le traverser, il déclara :

—Et si on restait ? Un peu. Quelques jours… Ce serait…

—Comme des vacances ! ajouta Théo. Et il pensa : « Des vacances en famille… »

—C'est d'accord, dit simplement Monpa.

—Alors, qu'est-ce qu'on attend !

Rhum et échiquier déboulèrent sur l'herbe, fesses posées sur couverture furent et Chien-Jaune, seul, apparut! Le poil garni d'herbes sèches, les oreilles piquetées d'orge sauvage, des chardons plein les pattes. Une véritable infusion! Joyeux et affamé, comme il se devait.

—Où est Volga la belle? demanda Théo en lui frottant les oreilles.

À ce moment, comme une réponse, le chant de la louve retentit dans la forêt. Lointain, beau et vibrant au cœur des étoiles. Chien-Jaune cligna des yeux. Monpa et le géant se regardèrent avec émotion.

Le chant de Volga, ce que les hommes appelaient un « hurlement », était magnifique. De longues notes veloutées, profondes, montaient vers la nuit. Théo s'était toujours imaginé le hurlement d'un loup comme une plainte lugubre et effrayante, mais ce qu'il entendait là était tout autre chose. C'était le chant du monde, la voix des arbres et des étoiles, du ciel et de la nuit. La résonance du vivant.

Cette nuit-là, Volga reviendrait tard. La forêt l'avait appelée et elle lui avait répondu. Cette nuit-là, Volga « serait » la forêt. Et la forêt serait Volga. Les étoiles se poseraient sur son pelage et sur ses yeux, la terre douce caresserait ses pattes et son ventre. Volga retrouverait la louve. Enfin.

Monpa gagna aux échecs. Le géant sortit sa pipe et ajouta du bois au feu. Chien-Jaune se serra tout contre Théo, soupirant de plaisir.

— Mon compagnon, mon frère. Mon frère jaune... chuchota Théo.

Chien-Jaune cligna – un nombre incalculable de fois – des paupières, et frotta son gros museau jaune contre la main de Théo (pas très jaune, elle).

Alors, quelque chose les enveloppa. Une douce chaleur, presque torpeur. C'était le moment, semblait-il. Le bon moment, pensa Monpa. Il leur fallait une histoire, un rêve, un souvenir. Un goût de nostalgie. Il regarda un instant le ciel, les nuages fins qui s'emmêlaient sur les collines, et pensa à nouveau à ce pays lointain, qui appartenait à son passé maintenant, à son enfance... Paysages infinis...

Il y avait la savane, les lions, le Valheureux posé sur la rivière, ses ailes blanches et ses grandes hélices bien rassurantes... Monpa laissa un moment les pensées, le passé, l'envelopper pleinement. Ses yeux étaient tristes mais si présents, si vivants. « Eh oui ! se disait-il. Toutes les histoires ont une fin... Toutes, sans exception. » Et les mots s'allumèrent, s'animèrent de leur propre vie...

Ce soir-là, le ciel ressemblait tout à fait à ça. Ressemblait « à peu près » à ça, serait plus juste finalement, commença Monpa en considérant la lumière qui baissait au-dessus des collines. Puis son regard traversa Théo, se perdant au loin... *Mais, ce soir-là, un orage viendrait. Le ciel s'obscurcirait, prendrait une couleur presque mauve. Oui, le temps changerait rapidement, imprévisible, comme il peut seulement l'être dans ces pays lointains... Là-bas, le moindre nuage semblait plus dense, plus sauvage que n'importe où ailleurs. À quelques arpents de la maison, la rivière où était posé l'hydravion était déjà parcourue de longues risées, de grands souffles de vent chargés de sable rouge...*

Monpa s'arrêta et observa Théo avec une grande tendresse. « Tu te souviens de cette histoire, n'est-ce-pas ? Cette petite famille dans ce pays, si loin... plantation, troupeaux et hydravion. Cette bien vieille histoire... » Théo acquiesça en souriant. Bien sûr qu'il s'en souvenait ! Ce jeune garçon, ses parents. Les lions, le Valheureux et ses ailes blanches... Comment aurait-il pu oublier ? Les années passaient, Théo grandissait, Monpa vieillissait, mais les histoires n'étaient pas oubliées. Ça, non...

Cette année-là, la saison sèche avait été des plus rudes. La rivière avait baissé et le niveau de l'eau était à peine suffisant pour y poser – non sans danger – le Valheureux. Les hommes et les femmes, les bergers, les animaux, tout le monde attendait les orages et les pluies qui ne tarderaient plus.

Au crépuscule – au crépuscule de ce jour – le ciel était encore paisible, mais, en quelques heures, les choses évoluèrent. D'abord le vent du désert se leva. Et la couleur du ciel changea. L'air semblait parcouru d'électricité, les nuages s'amassaient, peu à peu, venus de l'ouest, de l'océan, et se tassaient sur le dos des collines. L'enfant allait sur ses sept ans. Depuis longtemps l'orage ne lui faisait plus peur et, dans son lit, il écoutait le tonnerre qui commençait à gronder au loin. Sa mère poussa la porte de sa chambre. Elle le regarda avec tendresse, du fond des yeux, et lui dit sans hésiter:

—Nous allons partir, ton père et moi. Ce soir. Toi, tu vas rester ici avec Kali, d'accord?

Une jeune femme noire que l'enfant connaissait bien opina chaleureusement en rentrant dans la chambre. Sa mère reprit, chuchotant presque dans la nuit qui emplissait la pièce.

— Au village, tu sais, près du grand lac, un homme a besoin de mes soins. Tu comprends ?

Bien sûr, il comprenait. Il avait vu la petite valise métallique dans l'entrée, celle avec une croix peinte en rouge, celle qui contenait tous ces instruments qui lui faisaient un peu peur quand il était plus petit : scalpels, seringues, pinces étranges et flacons de toutes sortes. Un homme, là-bas, devait être malade, ou bien blessé. Au loin, la rumeur de l'orage approchait. Il frissonna. Alors sa mère continua avec douceur :

— Juste un petit saut avec le Valheureux. On sera de retour avant même que tu sois réveillé ! Promis !

Elle lui caressa le front, se leva, saisit la mallette et sortit. La pluie commença à tomber, étoilant les vitres, grisant un peu plus le crépuscule. Trois grands feux que les hommes avaient allumés le long de la rivière projetaient leurs lueurs orangées à travers les fenêtres. Il entendit le moteur du Valheureux, puis le doux ronronnement précédant le décollage. Enfin, le vrombissement des hélices, de plus en plus fort, de plus en plus rapide. Et l'hydravion

qui s'élevait, le son étouffé qui s'éloignait, s'étei-
gnait peu à peu... Puis le silence. Et l'orage
éclata. La pluie se fit plus forte, lourde et
dense. Il entendit les hommes et les femmes
crier et rire, se réjouir au-dehors. Kali s'ap-
procha de lui, elle s'assit au bord du lit et lui
prit gentiment la main.

—La pluie, ici. Bonne pour les animaux.
Les hommes sont contents.

Un formidable coup de tonnerre couvrit sa
voix et résonna contre les murs de la maison,
vibrant dans la main de la jeune femme posée
sur la sienne...

Monpa s'arrêta une fois encore, la nostalgie
l'envahit. Il regarda la virgule étincelante de
la lune qui découpait le ciel. Quand il reprit,
sa voix semblait un peu moins forte, comme
celle que l'on prend pour raconter un secret...

Cette nuit-là, l'enfant ne dormit pas. Il
regarda longtemps l'eau couler à flots sur les
vitres des fenêtres. Cette nuit-là prit fin, l'aube
se leva sur un jour nouveau, gris et pluvieux.
Cette nuit-là, le Valheureux ne revint pas. Et
l'enfant ne revit jamais plus ses parents. On ne
retrouva rien. On ne retrouva aucune trace du
Valheureux. Les hommes conclurent que la
foudre les avait atteints, que l'orage avait pris
l'hydravion dans sa violence. Et qu'il avait

disparu… Il y avait tant de lacs, de fleuves et de profondeurs. Avaient-ils tenté quelque chose, en vain ? On se posa tant et tant de questions, durant tant et tant de jours. Puis, tout ne fut plus que murmures et peine. Et il fut décidé que l'enfant serait envoyé chez son oncle. Dans un autre pays, bien au-delà de l'océan.

L'histoire était finie… *Toutes les histoires ont une fin…* Théo et le géant restaient immobiles, recueillis. Le ciel était limpide, la nuit transparente. Des crépitements montaient du feu en tous sens, laissant des traces filantes sur le noir du ciel. Monpa trouvait ça beau, vraiment très beau. Il sentit le chagrin le prendre mais ne s'en protégea pas. Sa voix était plus que troublée quand il put à nouveau s'adresser à Théo.

— Tu l'avais deviné, n'est-ce-pas ? Cette famille… c'était la mienne.

Théo le regarda, essayant de dissimuler sa tristesse.

— Tu vois… Nos histoires se ressemblent finalement, mon Théo.

Chien-Jaune se leva, s'étira et vint planter son museau entre les mains de Théo en battant vigoureusement de la queue.

—Mais il ne faut pas être triste. Tu es vivant. Et de grandes choses t'attendent. Ça, je le sais.

Il ajouta quelques bûches au feu qui pétilla joyeusement, des flammèches s'élevèrent de plus belle vers le ciel.

—Et maintenant, la tristesse doit passer! Il suffit de demander au vent de souffler dessus! Pfuittt! Comme ça! ajouta Monpa de bon cœur.

Les arbres s'agitèrent. Leurs ombres dansèrent dans la lumière du feu. Une rafale de vent soudaine se leva, emportant les étincelles de braise. Théo les regarda s'envoler au loin. Il croisa le regard de Monpa, celui du géant, trois sourires s'allumaient sous la nuit.

Aux aurores, Volga était de retour. Quand Théo ouvrit la porte de la roulotte, elle était là, splendide de présence. Parfaite. Il faisait froid. De la vapeur blanche s'échappait de sa gueule, embrumait son pelage. Elle semblait sourire. Chien-Jaune bondit vers elle. Ils se reniflèrent un instant le bout du museau.

— Ça va Volga? demanda Théo.

Chien-Jaune répondit pour elle, clignant à s'en abîmer les paupières. Volga ouvrit juste ses yeux un peu plus grand... Un peu plus d'or sur Théo.

— Bien sûr que ça va... Ça va même très bien, ma belle, ajouta-t-il.

Le géant semblait déjà être levé depuis un bon moment. Il était assis au bord du lac. La quiétude et le calme du matin l'enveloppaient. La louve l'aperçut et avança vers lui. Elle le poussa gentiment du museau. À lui aussi elle offrait ses grands yeux d'or. À sa manière, elle voulait lui dire quelque chose, le remercier pour tout ça. Elle se pencha sur son reflet pour laper un peu d'eau. Soudain, sans prévenir, Chien-Jaune passa en trombe et se jeta dans le lac, éclaboussant tout le monde – Ah je vous avais avertis ! La simple présence de l'eau rendait les choses absolument inévitables ! – puis, fier de lui, il nagea en rond, lançant des « arf » et autres « wouf » à la ronde. Volga grogna un petit coup, pour la forme, et recula pour s'asseoir bien au sec et profiter du spectacle. Et là... Théo passa en trombe ! (et se jeta à l'eau, vous l'aurez deviné). Le lac ne fut plus que « arf » et « wouf », que « yahou », « ouuhou » et autres humaines calembredaines[1] ou belles jauneries (et je reste poli).

Le lac était très froid. Mais la joie ne se mesure pas avec un thermomètre (comme disait je ne sais plus qui). Monpa sortit de la roulotte. Juste à temps pour assister au spectacle lui aussi. Pas de chapiteau, pas de gradins. Juste un chien, un gamin déjà grand, et le vivant par-dessus. Rien d'autre. Et rien de plus beau.

---

1. Niaiseries.

Au fil des jours, l'air se faisait plus vif. Peu à peu, une brume blanche s'amoncelait sur les hauteurs. Souvent la brise soufflait, fraîche au-dessus du lac. C'était l'automne qui cédait lentement sa place. Les feux de bois, le soir, se firent plus généreux, et les parties d'échecs plus courtes. Bien sûr, les dernières représentations n'avaient pas été trop mauvaises, mais l'argent allait diminuant, et il faudrait bien y penser.

—Il va falloir reprendre la route, une fois de plus, disait souvent Monpa sans grande conviction.

Mais ils étaient bien ici. Ils avaient encore besoin de ce ciel-là. Leur raison disait : «Allons-y! L'aventure continue!» mais leur âme désirait rester. La brise les retenait, l'eau et la terre les retenaient. Tout un murmure les retenait.

Un matin, une matinée bien plus froide que les autres, Théo trouva la barque. C'était une vieille barque de bois. Elle était à l'abandon, dans un coin d'herbes hautes, couverte de feuilles mortes. Sa peinture bleue était bien écaillée, mais le bois semblait encore étanche. Une seule rame fissurée trouait l'herbe sèche près du lac.

Là-haut, au-dessus des collines, le ciel blanchissait, semblait de plus en plus dense... Ce soir-là, il neigerait, la neige commencerait à tomber. Mais ça, il ne le savait pas, pas encore...

Théo tira la barque sur le bord du lac. Il regarda longuement l'îlot là-bas, tout au milieu. Monpa se reposait dans la roulotte. Le géant était en balade, accompagné du jaune et de la grise. Cavalcades et champignons des bois. Théo prit place dans la barque et d'un coup de rame, glissa sur l'eau calme. Il prit une longue inspiration, appréciant la solitude et la paix. Puis il se mit debout, ramant d'un côté et de l'autre avec l'unique pagaie.

L'îlot était vraiment minuscule. Quelques grands arbres s'y dressaient, mais on pouvait en faire le tour en quelques pas. Théo tira la barque au sec. Et, sur le bord sablonneux de la petite île, il aperçut tout de suite l'oiseau. C'était un petit oiseau des bois. Il était immobile, couché sur le côté, et ses yeux étaient clos. Théo s'approcha et se pencha sur lui. Ses plumes étaient grises, presque blanches sur son ventre. Il avait l'air si calme... si tranquille.

Théo trouva un bel endroit, une petite butte d'herbe verte, puis enterra l'oiseau. Il creusa la terre, déposa l'oiseau mort avec douceur et le recouvrit. Ensuite il dessina un cercle de graviers blancs autour du petit dôme de terre brune. Le vent s'était levé. Il frissonna et regarda le ciel. La brume devenait nuages à présent.

La barque glissa à nouveau sur le miroir de l'eau. Théo, en ramant, regardait s'éloigner l'îlot. Il pouvait voir le cercle de graviers blancs, disparaissant peu à peu, derrière les branches des arbres.

Ce soir-là, ils allumèrent un feu et restèrent silencieux. Bien sûr, il faudrait « reprendre la route ». Il fallait bien continuer. La vie là-bas, les appelait. Oui, ce soir-là ils gardèrent le silence. Et ce soir-là, la neige commença à tomber sur la terre.

Au matin, la neige ne tombait plus, mais elle recouvrait tout de son manteau léger. L'îlot au centre du lac était d'un blanc éclatant, lumineux sur l'eau noire. Tout était blanc et pur. Théo alluma un feu et y posa une grande cafetière de métal noirci.

Ce matin-là, on ne vit pas Monpa. Le soleil pâle était déjà haut quand Théo vint frapper à sa porte. Il n'y eut pas de réponse. Alors Théo ouvrit doucement. Mais Monpa n'était pas là. Il n'avait pas dormi dans sa petite chambre, son lit n'était même pas défait. Théo sentit le battement de son cœur cogner plus fort dans sa poitrine. Le géant s'avança derrière lui...

Ce fut Théo qui retrouva Monpa. Il était immobile, étendu sur le bord du lac. Son visage était si pâle, se fondant dans sa barbe. Il essayait de sourire. Un peu de neige, blanche et légère, couvrait ses vêtements, son visage, ses cheveux. Théo s'agenouilla très vite. Monpa murmura, avec difficulté :

— Mon rêve, je me souviens de la fin à présent... Je m'en souviens...

Le géant arriva lui aussi. Et il comprit. Le souffle court, sans attendre, il souleva Monpa dans ses bras et alla le déposer près du foyer, l'enveloppant tout de suite de couvertures.

— Hier soir... Hier soir j'ai voulu voir la neige, chuchota encore Monpa. Elle brillait sous la lune. Et c'était tellement beau. J'ai regardé les étoiles, et j'ai senti cette douleur dans ma poitrine. Je suis tombé, c'est tout... C'était si beau, toute cette neige, tout ce...

Monpa ferma les yeux un long moment. Puis enfin, il les rouvrit, un sourire fragile se dessinant sur son visage. Le géant, les traits tirés, porta une tasse de café aux lèvres de Monpa. Mais Monpa refusa, repoussant la tasse d'un geste. Il respirait faiblement, le regard toujours fixé sur Théo. Sa cage thoracique se soulevait avec peine. Théo sentit les larmes venir. Alors Monpa lui prit la main et la posa sur son cœur. Une lueur éclaira ses yeux.

— Un bon vieux cœur bien fidèle... Il a été là pour tant et tant de choses, tant et tant de beauté. Il a bien droit à un peu de repos, non ? Tu ne crois pas ?

Théo, sous sa main ouverte, sentait les battements légers, à peine perceptibles du cœur de Monpa. Il pensa à l'oiseau des bois, au cercle de graviers blancs là-bas, sur l'îlot. Alors il se concentra sur la chaleur dans sa paume, sur celle, déjà vacillante, dans le cœur de Monpa. Mais Monpa lui prit la main et la serra entre les siennes. Ses lèvres pâles s'entrouvrirent. Il chuchota, fixant Théo de ses yeux clairs :

— Mon Théo... Tout ça est vrai. Nous avons un grand pouvoir entre nos mains, une chose si simple... Notre regard, notre attention sur les êtres et sur le monde...

Monpa s'arrêta un instant, respirant difficilement, puis il put continuer, dans un simple murmure :

— Un grand pouvoir. Celui d'être, de changer les choses. De changer le plomb en or... au fond de nous...

Le géant s'accroupit près d'eux, des larmes, des larmes de géant coulaient sur ses joues. Monpa serra plus fort la main de Théo et reprit :

— La chaleur... la chaleur de notre âme est un don.

Monpa sourit, ses yeux brillaient comme jamais.

—Un immense pouvoir… Semer le bien et le bon, faire pousser la joie sur nos pas. Tout est si… simple.

Monpa ferma les paupières. Une expression magnifique alluma alors son visage.

—Un bon vieux cœur bien fidèle… Tant et tant de beauté… si simple… si… clair…

Alors la vie quitta Monpa, tout en douceur. Son dernier souffle monta calmement vers le ciel. De gros flocons apparurent çà et là. La neige recommençait à tomber.

La tristesse les laissa anéantis, un long moment. Ils épuisaient leurs larmes, mêlant l'eau tiède et salée au froid piquant de la neige. Volga et Chien-Jaune survinrent, sortis de leur forêt. Ils comprirent tout de suite. Tous deux se couchèrent entre Théo et le géant. Chien-Jaune poussa un long gémissement douloureux et ne bougea plus. Volga ouvrait ses grands yeux dorés sur Monpa, comme pour le réchauffer de son simple regard. La neige se fit plus forte, plus serrée. Le blanc allait tout recouvrir. La paix reviendrait sur les âmes. Oui. La vie était faite pour ça.

La vie avait quitté Monpa. Et l'hiver s'annonçait dans la blancheur du vent.

Des hommes étaient venus. Trois hommes en costumes gris, et un médecin sinistre. Ils avaient posé des questions et emmené Monpa. «Comme il n'avait pas de famille légale, ses cendres seront dispersées par nos soins, avaient-ils dit. Avez-vous une préférence?» Il y avait eu un grand silence, puis Théo avait murmuré: «L'océan... juste l'océan.» Et les hommes étaient partis.

Le lendemain, après une nuit de veille et de chagrin, le Minus Circus dut reprendre la route. Des heures durant, ils avaient roulé, la neige disparaissant au fil des kilomètres... Le sud... L'océan, les hommes et les villes... Ils trouvèrent un village à la mesure de leur peine, un petit hameau désert et solitaire tout au bord de la route. L'océan ne devait pas être loin. Oh bien sûr, on ne le voyait nulle part, mais on pouvait sentir le sel, les embruns, dans le vent qui soufflait sur la place. Évidemment, rien ne fut installé. Ni gradins ni chapiteau. Minus Circus existait-il encore ?

Trois jours et trois nuits passèrent. Ils attendirent que la douleur les quitte un tant soit peu, que la vie se lève à nouveau. La troisième nuit, Théo rêva. Dans son rêve, il y avait la neige. Il y avait aussi sa mère. Elle lui souriait et elle l'appelait, mais jamais aucun son ne sortait de ses lèvres. Alors, elle s'éloignait jusqu'à disparaître dans le ciel noir. Un petit oiseau gris apparaissait soudain. Il volait vers elle. Et, peu à peu, se perdait avec elle, dans le lointain et l'obscurité du dehors. La neige se mettait à tomber, recouvrant la nuit entière d'une blancheur lumineuse...

Théo s'éveilla. Le soleil illuminait l'intérieur de la roulotte. Dehors, le ciel brillait, clair et transparent. Il savait ce qu'il devait faire. C'était une décision difficile, mais il était fort et grand. La vie l'appelait, et il lui répondrait. Il n'y avait plus de peur en lui. Il devait partir, continuer, seul. Son chemin était ailleurs. Est-ce que quelque chose le reconnaîtrait comme l'avait prédit Monpa ? Il ne le savait pas. Il savait qu'il pouvait aider, faire certaines choses, mais il sentait que bien plus l'attendait, que d'autres routes se révéleraient. La vie l'appelait, simplement. Et il lui répondrait.

Il parla longuement au géant. Il partirait sans attendre. Il le fallait. À seize ans, on n'est plus un enfant, plus tout à fait. Il tenait son courage à présent. Il laissait tout au géant, il lui demandait seulement de s'occuper de Chien-Jaune : « Il sera mieux avec vous deux. » Le géant n'avait d'abord rien répondu, les yeux bien trop brillants, puis il avait pris Théo dans ses bras et avait murmuré : « D'accord, si c'est ce que tu souhaites... D'accord... »

Théo prépara son sac : quelques vêtements et un peu de nourriture. En sortant de la roulotte, il s'arrêta net. Le chapeau de Monpa pendait sur le portemanteau. Il le prit et le posa sur sa tête... *Indiens à fléchettes, serpents à sornettes et jambon italien...* Il sourit fort, presque un rire, et sortit dans la lumière du jour.

Dehors, il y avait le géant et sa louve. Et il y avait Chien-Jaune, agité, anxieux comme jamais, gémissant, allant de l'un à l'autre, museau contre museau, grosse tête jaune frottant la main de Théo, repartant vers Volga, frôlant le géant au passage. Théo lâcha son sac, s'agenouilla et serra Chien-Jaune de toutes ses forces. Là, il pleura, comme l'enfant qu'il était encore. Larmes de sel et poils jaunes... «Chien-Jaune, mon frère jaune...» Le géant sentit une nouvelle fois l'émotion le prendre. Un moment passa sous le ciel... Alors, Théo se leva lentement, regarda le géant et le serra à son tour dans ses bras.

Il partit sans se retourner. Des larmes coulaient sur ses joues. Mais la route, la grande route défilait sous ses pas.

Là-bas, derrière lui, le géant tenait Chien-Jaune tout contre lui. Il le sentait trembler, l'entendait gémir, imperceptiblement. Volga, un peu en arrière, hurla soudain vers le ciel. Un chant qui disait la liberté, la beauté et la vie.

Théo, les yeux brillants, sourit, enfonça un peu plus le chapeau sur son crâne et, regardant droit devant, disparut lentement sur la route.

Lorsqu'il arriva au bord de l'océan, le soleil s'enfonçait déjà dans la mer. Le vent du soir soufflait sur le monde. Debout sur le bord de la falaise, il sentait le sel caresser son visage. Théo pensait à Monpa. Monpa qui les avait quittés. Il avait été temps de partir pour lui. Tout était sans doute dans l'ordre des choses. Théo l'avait aimé, comme on aime un père. Théo avait grandi à ses côtés. Ses pensées resteraient toujours avec lui. Sa mémoire le ferait renaître, encore. Mais la vie avait quitté Monpa. Comme elle quitterait tous ceux qui avaient vécu avant, et tous ceux qui vivraient après lui. Chaque vie était liée à ça. Il fallait l'accepter. Et qui savait ce qu'il y aurait après ? Cela, personne ne pouvait le savoir. Personne. Mais ce qui était sûr, sûr comme deux et deux font quatre, c'est que nous le saurions tous un jour. Quand notre vie aura été, quand nos joies et nos peines auront allumé nos cœurs, encore et encore, et même encore un peu... Alors nous saurons. Oui, nous finirons par savoir. En attendant, notre joie devait déborder, notre coupe devait être pleine. Et notre route lumineuse.

Un coup de vent plus fort! Et hop! Le chapeau quitta la tête de Théo et s'envola vers la mer. Plongeant de la falaise, tournoyant dans la lumière du couchant.

—Oh! s'exclama simplement Théo.

Il regarda le chapeau se poser sur l'océan loin là-bas, sur le chemin de l'horizon... Le chapeau flottait librement. Pour un instant, il avait rejoint Monpa, bercé par la même mer qui les recueillait tous les deux. Mais son histoire n'était pas finie! Oh, que non! Ce chapeau accomplirait sans doute de grandes choses. Vous pensez bien! Mille et quelques vies, cela n'était pas suffisant!... Quelle serait sa prochaine mission? Qui pouvait le prévoir? Le regard de Théo se perdit vers le large, bien au-delà de la ligne d'horizon.

Il se trouva un bon coin douillet, un tapis épais d'herbe douce sous la protection d'un bel arbre. Là, il ouvrit son sac de toile, et c'est lorsqu'il en sortit la couverture que cette enveloppe blanche tomba sur le sol. Il la ramassa et la décacheta. À l'intérieur, il y avait une petite liasse de billets de banque et une photographie : une image en noir et blanc, aux bords dentelés. Sur cette image, on voyait Monpa et son chapeau, assis sur le tabouret – le jaune avec les étoiles rouges – devant le chapiteau. Près de lui, il y avait Théo, debout, sa main posée sur la grosse tête jaune de Chien-Jaune et, un peu en arrière, le géant et Volga. Tout le monde souriait, le regard droit vers l'objectif. C'était beau, simplement beau. Théo retourna la photographie. Au dos, il reconnut l'écriture ample du géant.

Que la vie t'accompagne, Théo. Nous serons TOUJOURS avec toi.

Quant à moi, je pense retourner près de notre petit lac.

C'est la meilleure chose que je puisse faire à présent.

J'ai besoin d'un hiver, et la forêt appelle Volga.

Surtout n'oublie jamais : tu seras toujours le bienvenu, celui qu'on attend, celui qu'on espère.

Tu es notre frère, notre fils, et notre ami.

Théo observa la campagne alentour. Il n'avait pas peur. Il sentait comme une protection nouvelle au-dessus de lui, tout autour aussi. Le jour s'apprêtait à tomber. La lumière orangée du soleil effleurait encore la terre et les grandes herbes. Il étendit la couverture et s'y allongea, lové sur le côté, ses jambes repliées sur son ventre. Il tenait la photographie face à son visage avec bonheur. Une rafale de vent plus forte fit frémir les feuilles de l'arbre qui le protégeait. Un souffle, un long bruissement, comme si des vagues venaient rouler sur le ciel. Théo regardait le visage de Monpa... le chapiteau... Chien-Jaune à ses côtés... Et c'est à ce moment précis que ce qui devait arriver arriva. Quelqu'un ou quelque chose poussa le dos de Théo avec force. Il rejeta la couverture et se mit debout, le souffle court, faisant face à... Chien-Jaune !

Deux bons clignements de mirettes et Chien-Jaune bondit sur lui. Arf ! et wouf ! Ils roulèrent sur l'herbe en riant, se froissèrent le museau, mordillage d'oreille rose et tirage d'oreille jaune à l'appui... Un sacré raffut, un ramdam insensé, et croyez-moi, les poissons s'enfuirent ventre à terre, les escargots filèrent à toutes jambes (ou le contraire, je ne sais plus !). Bref ce fut une bien belle pagaille ! Un

remue-ménage ! Un carnage ! Un naufrage !
Un ravage ! Dans les parages et tous les
marécages.

À bout de souffle, couvert de brins d'herbe,
de terre, de mousse, de chardons, de liserons,
bourgeons, rhododendrons et j'en passe, Théo
prit la grosse tête jaune de Chien-Jaune entre
ses mains, colla son nez sur son museau et
sourit.

—Alors, d'accord ! Allons-y mon frère !
Allons-y ensemble !

Chien-Jaune cligna des yeux, langue
dehors, queue battant l'air à tout rompre.

Sur l'océan là-bas, un chapeau flottait librement. Dans l'attente d'un navire, d'un rivage,
de la main qui le recueillerait, d'un autre
continent. D'un destin déjà en route. Le bruit
du vent, du ressac, berçait le monde, caressait
les pierres, les arbres et toutes les choses
vivantes. Théo et Chien-Jaune, l'un contre
l'autre, s'endormirent paisiblement.

Quand le printemps viendrait, Théo aurait dix-sept ans. Il avait en lui un grand pouvoir mais, comme la plupart d'entre nous, il ne le savait pas encore, pas tout à fait. Il y avait tant de questions. Et si peu de réponses. Théo ne savait pas si un beau jour il reverrait sa mère. Et le petit cirque, lui, n'était plus. Qu'allaient-ils devenir, Chien-Jaune et lui ? Ça non plus, il ne le savait pas. Personne ne le savait. Notre histoire s'arrête ici. Eux deux, ils étaient libres et joyeux. Ils avaient vécu tant de choses et avaient tant de choses à vivre encore. Oui, la vie les attendait. Une autre histoire... leur histoire, les attendait.

Théo sentit le gros museau jaune de Chien-Jaune contre son dos, le souffle enjoué aussi. Il éclata de rire. Un aboiement joyeux lui répondit. La route, devant eux, était ouverte, solaire sous le grand ciel. Et tout était à vivre. Cette route, c'était leur vie, leur liberté, tout ce qui viendrait, et tout ce qui ne viendrait pas aussi... N'aie pas peur... *Shhh! Shhh!* Sois heureux... *Shhh! Shhh!* Et tout viendra à toi... Oui, il n'y avait pas de choses magiques, de choses extraordinaires ; ou plutôt si, c'était cela même qui était magique, extraordinaire. Ce chemin, cet horizon qui nous étaient offerts. Cette liberté. Tout ce qui viendrait à notre rencontre, se lèverait devant nous. Il n'y avait rien de plus. Juste nous et cette route grande ouverte. Extraordinaire... Terrible et magnifique.

Théo sourit vers le ciel. Chien-Jaune aboya gaiement et, ensemble, ils commencèrent à marcher.

Épilogue

Dans un cirque minuscule, un grand homme et une louve souriaient en regardant les étoiles. Le grand homme avait remplacé un tout petit homme, un petit homme qui avait été un grand homme à sa manière, qui avait vécu une longue vie et qui s'en était allé, joyeux et sans crainte. Tout comme Théo et Chien-Jaune s'en allaient eux aussi.

Mais là, ici, pile-poil sous la voûte étoilée, dans leur cirque minuscule, un grand homme et une louve souriaient, oui, souriaient. L'homme caressait la louve. Il regardait son ventre qui s'arrondissait peu à peu. Un feu de bois se reflétait dans la nuit de leurs pupilles. La louve sentait les petits coups de pattes, de museaux aussi, doux, très doux au creux de son ventre. Pattes jaunes et museaux gris ? Sans doute... Sans aucun doute...

Ainsi, comme il en avait toujours été et en serait toujours, la vie continuait, continuait... Terrible et magnifique... Mais surtout magnifique.

Dossier
GAZOLINE

Le dossier **GAZOLINE** a été préparé par Laurent Theillet et Jennifer Tremblay avec la généreuse collaboration de Normand de Bellefeuille et Anne Canarelli.

Dossier
GAZOLINE

Qu'est-ce qu'une allégorie ?

Laurent Theillet a voulu, dans *Minus Circus*, nous parler du bonheur, de la beauté du monde, de l'amitié. Il a aussi et surtout voulu illustrer de façon très concrète cette idée avec laquelle il conclut son livre : « Ainsi, comme il en avait toujours été et en serait toujours, la vie continuait, continuait... Terrible et magnifique... Mais surtout magnifique. »

Le terrible et le magnifique sont des notions difficiles à cerner, à décrire, à saisir. Elles se manifestent à travers des événements, des œuvres, des relations, des êtres humains. Elles prennent des sens différents d'un individu à l'autre.

Laurent Theillet a créé un univers, des personnages et une intrigue qui ILLUSTRENT et EXPRIMENT sa façon à lui de comprendre le terrible et le magnifique, qui sont dans son esprit étroitement liés : il considère que le terrible ne peut exister sans le magnifique, et vice versa.

L'écrivain a utilisé, de façon habile et subtile, l'**allégorie** pour parvenir à nous exprimer cette impression qui l'habite.

Plusieurs mots désignent ce qui s'apparente à l'**allégorie** : parabole, mythe, représentation, symbole. La Bible, les chansons folkloriques, la philosophie, le théâtre, les mythologies des cultures anciennes, le cinéma, voilà autant de sources infinies d'**allégories** qui nous fascinent ! Les arts visuels aussi nous convoquent à de nombreuses rencontres inoubliables avec des **allégories** ! Pensons à ce tableau bien connu de Botticelli, *La Naissance de Vénus*, qui symbolise l'amour ! Ce tableau nous permet de « mettre une image » sur ce qu'est l'amour.

De nombreuses scènes, dans *Minus Circus*, sont fascinantes et pourraient servir d'exemples pour saisir ce que sont le terrible et le magnifique, et ce qui les lie si étroitement... Quand Monpa recueille cet enfant laissé dans un parking, et qu'il en prend soin, n'est-ce pas magnifique ? Pourtant, c'est terrible d'être un enfant abandonné ! Quand, le soir, dans le paysage où le hasard les a menés, tous les membres du *Minus Circus* se rassemblent pour manger et rêvasser tranquillement, on a là un beau tableau de ce que peuvent être l'amitié et le bonheur. C'est magnifique. Mais nous ne pouvons pas oublier que ces personnages sont poursuivis par un enragé. Le danger les guette. Nous savons pourtant que c'est probablement la menace de ce danger qui les tient ensemble, solidaires. Voilà ce qui est terrible !

Les lieux, les objets, les paysages, les personnages, les événements sont autant de moyens que peut utiliser l'écrivain comme symboles pour alimenter une **allégorie**. Tiens, le chapiteau de Monpa à la fois solide et fragile, à la fois grand (quand il est monté) et petit (quand il est démonté), que symbolise-t-il selon vous ?

Toutes les réponses sont bonnes à condition que le terrible et le magnifique y soient liés !

J. T.

Le narrateur :
qu'est-ce que c'est que ça ?

Quand un écrivain décide d'écrire une histoire, il a avant tout un choix très important à faire : qui va la raconter, cette histoire ? Car si, bien sûr, c'est l'auteur qui l'écrit, celui qui aura la lourde responsabilité de mener le récit s'appelle le **narrateur**.

Qui est le **narrateur** ? C'est le personnage que joue l'auteur. Oui, imaginons l'auteur comme un comédien qui se glisse dans un costume. Une fois qu'il est dans ce costume, il est quelqu'un d'autre. Il nous raconte une histoire dans la peau de ce personnage.

Laurent Theillet, par exemple, aurait pu faire raconter *Minus Circus* par Monpa – alors il aurait mis le costume de Monpa et aurait incarné ce personnage –, ou par Théo, par le Géant-Rouge ou, pourquoi pas, par Chien-Jaune ou bien la louve Volga. Car l'écrivain peut aussi se mettre dans la peau d'un chien, d'un chat, d'un objet pour raconter son histoire !

Le narrateur-personnage
Si Laurent Theillet s'était glissé dans le costume de Monpa, son roman commencerait peut-être ainsi :

« J'étais un homme de cirque, et je promenais mon chapiteau de ville en ville, accompagné de mon chien, que j'avais appelé Chien-Jaune. » Ce serait alors ce qu'on appelle un récit au *je*, puisque nous aurions le point de vue d'un personnage qui participe à l'histoire. Nous saurions tout ce qui se passe dans SA tête, mais pas dans les autres têtes ! Monpa serait témoin de certains événements, et nous les rapporterait. On parlerait alors d'un **narrateur-personnage** ou d'un **narrateur-témoin**.

Le narrateur divin

Laurent Theillet a préféré se glisser dans la peau d'un personnage qui ne fait pas partie de l'histoire qu'il raconte. On parlera alors d'un **narrateur omniscient** ou d'un **narrateur divin**, puisque, comme Dieu dit-on, il voit tout, sait tout et peut être partout à la fois, dans la tête de tous les personnages. Il y a un grand avantage à choisir un tel **narrateur**, car nous avons alors une vision globale et plus objective de la situation. Ce **narrateur** peut, par exemple, raconter deux événements qui ont lieu en même temps, à deux endroits différents.

Je ou *il* ? Voilà la toute première question à laquelle doit répondre l'écrivain. C'est ce qu'on appelle choisir un **narrateur**. Et de ce choix dépend directement la façon dont nous serons conviés à accueillir le récit qui nous est proposé.

N. de B.

Le métier d'écrivain
Entrevue avec LAURENT THEILLET

Que faut-il pour écrire une histoire ?
Le désir. Avant tout. Le besoin de raconter les autres,
de se raconter soi-même. Et tous les moyens sont
bons ! Partir de rien, d'une anecdote, d'un chagrin,
d'un éclat de rire !... D'une image, d'un être aimé, d'un
manque ou bien d'un beau moment. Certains écrivains
connaissent le déroulement complet de leur histoire
avant même de commencer, d'autres débutent simplement à partir d'une idée, d'une émotion, d'un rêve,
ne sachant encore où cela les mènera... J'ai souvent
l'impression que les meilleures histoires naissent
d'elles-mêmes, toutes seules, comme en dehors de
nous. Ensuite, elles s'allument, et restent là, patientes,
s'entêtant au fond de nos crânes et, soudain, c'est un
peu comme si elles exigeaient d'être racontées ! Je n'ai
pas d'habitudes précises, si ce n'est celles de rêver,
de rester silencieux, aux aguets, de longues heures.
Certaines de mes histoires commencent par une
simple phrase, sans que je connaisse leur déroulement futur ; d'autres, dès le début, sont déjà pré-
sentes, en partie, parfois en résumé, et même, en

quelques rares occasions, elles peuvent être entières, déjà formées dans l'œuf, et là, je n'ai plus qu'à les laisser grandir...

Certains écrivains choisissent une intrigue et travaillent à son développement, son dénouement. Leur grand plaisir — et celui de leurs lecteurs — se situe au cœur même de cette intrigue. Que va-t-il se passer? Quel est ce mystère? Et surtout, comment va-t-on le résoudre? Et cela donne souvent de grands livres. D'autres écrivains développent leur univers différemment: grâce à la sensation, et à travers les émotions transmises au lecteur.

Minus Circus se situe, tout en maintenant une intrigue constante, dans ce type précis de récit. Ce ne sont pas tant les péripéties et les aventures des personnages qui prennent le dessus, mais plutôt l'indicible, la sensation de fraternité que l'on en retire, ce partage de sourires et de larmes.

Pourquoi ce titre?

Je me suis inspiré d'un petit cirque bien réel de mon enfance, avec ses deux, trois animaux, ses quelques numéros surannés et ô combien émouvants. Le Géant-Rouge, à sa manière, a bel et bien existé. J'ai connu Chien-Jaune. Le titre *Minus Circus* s'est imposé, comme ça, d'un seul coup, alors que je marchais simplement dans une rue de Montréal... Et je n'ai plus changé d'idée. La sonorité en était parfaite. Tout le reste a suivi: jambon italien, serpents à sornettes et Indiens à fléchettes!

Qu'est-ce qu'une histoire dans l'histoire ?

J'emploie très souvent la technique de l'histoire dans l'histoire. Pour préciser le passé des protagonistes, je prends le parti d'en charger mes personnages eux-mêmes. Ainsi, Monpa va-t-il raconter son propre passé, le Géant-Rouge le sien et celui de Volga, etc. Nous sommes emportés vers d'autres temps et d'autres lieux, par différentes histoires semées tout au long du récit principal. Ce qui nous en apprend non seulement sur la vie passée des personnages mais également sur les émotions intimes et vraies qu'ils ont éprouvées à ce moment-là.

Et comment naissent les personnages ? Comment prennent-ils forme ?

Souvent, ils naissent d'un rêve éveillé, de l'amour que l'on a pour ses proches, pour les personnages réels qui ont peuplé nos vies. Parfois (bien souvent !) ils sont un fragment de nous-mêmes. Personnellement, mes personnages les plus amicaux représentent des hommes et des femmes que j'aimerais croiser dans ma réalité (ou que j'ai pu croiser d'ailleurs !).

Est-ce difficile ou agréable le travail d'un écrivain ?

Les deux à la fois ! Il y a des moments agréables et des moments très difficiles. Il y a les jours où les mots se bousculent, se disputent la blancheur de la page.

Et là, c'est magnifique, on est heureux comme un enfant qui joue! Mais d'autres fois, le doute nous tombe dessus, alors on vacille, on ne sait plus, tout devient laborieux et chaque phrase est un combat. Mais heureusement les beaux moments sont nombreux! Et vivre la vie de ses personnages devient alors un vrai plaisir, un beau voyage. Écrire, c'est aussi être libre. Dans l'écriture, on peut être tout à fait libre, et c'est même une nécessité. Libre de faire de « l'humour bancal », libre de se moquer de soi-même, libre de se répéter, libre d'inventer des mots (tous les grands écrivains ont un jour ou l'autre inventé un mot), libre de se tromper, libre même d'échouer, libre de réussir aussi, mais avant tout et par-dessus tout, il faut oser prendre cette rare liberté qui est celle d'être soi-même. Écrire avec ce que l'on est vraiment. Voilà l'essentiel de toute forme d'art. Oublier tout le reste et mettre sa vie, ses joies et ses peines, sur la table. Poser ses émotions, là, juste devant nous, pour les mettre dans l'ordre, oh! à peine, et les offrir à l'autre. Celui qui vibre devant nous. Celui qui vit avec nous. Tableaux, dessins, livres, symphonies, et même cuisine: des émotions offertes. Rien de plus. Rien de moins.

Dans la vie, qu'est-ce qui vous émeut le plus ?
La vraie bonté me fait souvent venir les larmes aux yeux.

Pour vous, qu'est-ce qu'une œuvre réussie ?

Je vais me répéter, mais toucher le beau et le bon, parfois au cœur même du terrible est ce que j'apprécie le plus dans mes lectures, mes visites aux musées... Une œuvre réussie doit amplifier notre capacité à être ému par nos vies d'enfants, d'hommes et de femmes sur la terre. L'œuvre d'art dans sa forme ultime devrait accroître notre aptitude à aimer les autres et le monde. Nous faire redécouvrir la vie en quelque sorte.

Et, par extension, qu'est-ce qu'une vie réussie ? Qu'en pensez-vous ?

Pas facile ! J'aurais préféré une autre question : quel est votre plat préféré, par exemple ! Non, sérieusement, une vie réussie ?... Faire son possible pour être « meilleur ». Quand quelques personnes ont reçu un peu de bonheur et qu'on y est pour quelque chose... Donner son sourire, son réconfort, son amour, partager sa joie pourrait être la définition d'une vie réussie.

Si vous n'aviez pas été écrivain, qu'auriez-vous aimé être ?

Sans aucune hésitation : musicien. J'aime tous les genres de musique.

A.C.

Biographie

Laurent Theillet, écrivain, né en 1962. Vit à Montréal.

« À vrai dire, je n'aime pas les biographies. La mienne en particulier. Je préfère la vie des textes à celle de ceux qui les écrivent, à moins d'en faire un roman. Donc je suis né, c'est indéniable, et je passe mon enfance en solitaire. Mais par chance, la mer n'est jamais très loin. Alors j'écoute le vent et les vagues, je nage et je pêche. Et je grandis, comme ça, dans le bleu, dans le gris... J'exerce divers métiers, je vais souvent au cinéma, je lis beaucoup aussi, je me niche dans ma solitude, je déménage un peu, j'ai deux chats... Je photographie les visages, le monde, mes amis, mes amours. Je pleure quelquefois, je ris souvent. Et j'écris. Puis quelques éditeurs partagent mes émotions, des hommes et des femmes dont le cœur bat au même rythme que le mien. Alors voilà les premiers livres. Et la suite ? Je grandis encore un peu, je crois... Et maintenant ? Eh bien, je ne suis peut-être pas un « véritable » adulte, les pieds fermement posés sur la terre, car l'écriture demande un quotidien étrange, peuplé d'allégories, de vies imaginaires et d'espaces invisibles... Mais voilà, j'ai trouvé en cela ma passion, mon métier, mon navire. Et c'est ce que je vous souhaite de tout cœur.

Car tôt ou tard la beauté vous trouvera. Elle sera là, pour vous, au détour d'un chemin. Toute simple. Et vous saurez la reconnaître... »

À lire absolument
selon Laurent Theillet

David Copperfield, de Charles Dickens
(et tous ses autres romans)
Le Vieil Homme et la mer, d'Ernest Hemingway
Aventures de Lyderic, d'Alexandre Dumas
Le Tour du monde en 80 jours, de Jules Verne
Le Monde perdu, de Sir Arthur Conan Doyle
À la croisée des Mondes, de Philip Pullman
Le royaume de Kensuké, de Michael Morpurgo
Le Jardin secret, de Frances H. Burnett
L'attrape-cœurs, de J. D. Salinger

Laurent Theillet

DANS LA MÊME COLLECTION :

La collection GAZOLINE encourage les
auteurs à s'adresser très librement aux
jeunes lecteurs. C'est pourquoi le style, le
niveau de difficulté et le nombre de pages
peuvent varier d'un roman à l'autre :

▮ initiation au roman

▮▮ lecteur expérimenté

▮▮▮ lecteur audacieux

leseditionsdelabagnole.com

GARANT DES FORÊTS
INTACTES

CET OUVRAGE A ÉTÉ ACHEVÉ D'IMPRIMER
EN MARS 2010
SUR LES PRESSES LEBONFON
À VAL-D'OR, QUÉBEC
SUR PAPIER ENVIRO 100 % RECYCLÉ